문지스펙트럼

우리 시대의 지성

5-018

덧없는 행복
─ 루소 사상의 현대성에 관한 시론

츠베탕 토도로프 지음
고봉만 옮김

문학과지성사

우리 시대의 지성 기획위원

김병익 / 정과리 / 최성실

문지스펙트럼 5-018

덧없는 행복
─ 루소 사상의 현대성에 관한 시론

지은이 / 츠베탕 토도로프
옮긴이 / 고봉만
펴낸이 / 채호기
펴낸곳 / (주)문학과지성사

등록 / 1993년 12월 16일 등록 제 10-918호
주소 / 서울 마포구 서교동 395-2(121-840)
전화 / 편집: 338-7224~5 영업: 338-7222~3
팩스 / 편집: 323-4180 영업: 338-7221
홈페이지 / www.moonji.com

제1판 제1쇄 / 2006년 9월 8일

ISBN 89-320-1726-3
ISBN 89-320-0851-5(세트)

덧없는 행복

— 루소 사상의 현대성에 관한 시론

| 일러두기 |

1. 『언어 기원에 관한 시론』은 샤를 포르세Charles Porset가 풍부한 주석을 붙여서 출간한 판본(보르도, 1968)을 이용했다. 그 밖의 루소의 작품들에 대해서는 4권짜리 플레야드 판 전집에서 인용하였다(이 책에서 인용한 경우에는 제목과 권수, 쪽수를 표기하였다).

2. 원서에는 주가 없다. 중요한 곳이나 독자가 이해하기 어려운 곳에 옮긴이 주(〔   〕)를 달았다.

■ 머리말

　우리는 누구나 살아가면서 자신이 살아가야 할 삶의 유형을 선택해야 할 상황에 직면하게 된다. 우리 자신이나 주변 사람들, 혹은 제도나 정치로 맺어진 관계들, 그 모두가 어느 날 문제가 되어 우리의 성찰을 요구할 수도 있다.

　그러나 우리는 이러한 문제들을 생각하는 데 있어 약간은 어려움을 느낀다. 하물며 다른 사람들에게 말하기는 더욱 어렵다. 이러한 생각이나 그것을 나타내는 말들, 이를테면 '존재' '평등' '자유' '덕성' '도덕' 등과 같은 말들은 우리에게 공허하게 들리기 때문이다. 그리고 우리의 삶을 이해할 수 있게 하는 것도 아니다. 그 말들은 너그럽게 봐주기 힘들 정도로 과장된 것처럼 느껴진다. 거창하게 논의하기보다는 입속으로 감탄사를 중얼거리거나 단순하게 침묵하는 편을 선호할 것이다. 그러나 바로 말해지지 못해 고통을 겪는 것들이 정말로 중요하다.

예로부터 언제나 단순한 것에 대해 말하는 것은 어려운 일이었다. 하지만 그러한 어려움은 시대에 따라 변한다. 우리 시대의 일상 언어(누구나 이해할 수 있고 모든 사람을 대상으로 하는 언어)와 전문 언어(철학자·심리학자·경제학자 등 전문가들만이 이해할 수 있는 언어)는 대립되어 있다. 이와는 대조적으로 과거 작가들의 작품을 읽으면 산뜻한 기분이 들 때가 종종 있다. 사실 바로 여기에서 관점의 변화가 이중적으로 일어났다고 할 수 있다. 지금 우리는 글로 씌어진 것 가운데 잊혀지지 않고 살아남은 아주 적은 수의 작품, 요컨대 우리와 가장 가까운 작품만을 읽고 있다. 이러한 작품들은 역사상 가장 영향력 있는 작품들이다. 우리는 그것들을 통해 언어를 받아들이게 된다. 시간이 흘러감에 따라 예전에는 특정 부류의 사람들이 사용한 난해한 전문 용어에 지나지 않았던 것들이 일반 용어로 인식된다. 이러한 작품들을 읽을 때면, 우리는 자신의 일이 직접 다루어지고 있는 것처럼 느낀다. 작품의 내용이 복잡하고 모호하다고 하더라도 단순하고 친근한 표현 덕분에 거기서 자신과 닮은 점을 발견하게 된다.

이것이 '내가 도대체 이 책을 왜 쓰는가?'라고 자문했을 때 머리에 떠올랐던 생각이다. 나는 한편으로는 전문가들의 언어에 진력이 났고, 다른 한편으로는 과장된 말의 공허함에 싫증을 느꼈다. 그래서 어려운 것을 쉽게 말하는 방법을 찾고자 했다. 그러던 중 과거의 몇몇 작가들에게서 그것을 발견할 수 있었다. 내 자신의 삶을 생각하는 데 있어 과거의 작가들은 현대의 작가들보다 나에게 더 많은 도움을 주었다. 나는 내가 받은 그러한 혜택의 일부를 이 책에서 독자들과 함께 나누고 싶다. 여기서 내가 최선을 다해 다루고자 하는 작업은 철학적인 것도 문학적인 것도 아니다(물론 루소에 대한 문학가나 철학자들의 주해를 이용하긴 했지만 말이다). 굳이 이와 같은 작업에 이름을 붙여야 한다면, 차라리 '실천적*pratique*'이라고 하고 싶다.

과거의 위대한 작가들 가운데 루소가 가장 매력적이라거나 가장 현명하다는 것은 아니다. 그러나 그가 가장 '강력한' 작가 가운데 한 사람임은 분명하다. 우리는 루소가, 특히 프랑스에서 근대성*modernité*을 발견하고 또 발명했다고 말할 수 있을 것이다. 여기서 발견했다고 한 이유는, 근대 사회는 루소 이전에 이미 존재했지만 그때까지 그것을 통찰한 사람이 없었기 때문이다. 그리고 발명했다고 한 이유는 루소가 이백 년 전부터 끊임없이 탐색하고 있는 개념과 주제를 후세에 남겼기 때문이다. 오늘날 루소를 읽으면, 우리는 그의 예언적인 통찰력을 인정하지 않을 수 없다. 루소의 반대자들조차 우리가 아직까지 루소가 만든 신화로부터 벗어나지 못하고 있음을 인정할 것이다.

그러나 사실 나는 루소의 사상 앞에서 오랫동안 망설여왔다.

그의 웅변조의 화법이 근사하다고 생각은 했지만, 과격한 정신으로 생각되는 것에 대해서는 거북함을 느꼈다. 이런 감정은 사상의 과격함이라고 생각했던 것이 사실은 강인함 *intensité*이었음을 깨달은 날까지 계속되었다. 루소는 어떤 문제에 대해 대단히 직접적으로 접근하기 때문에, 주장의 막연한 전제와 최종적인 결론을 즉각적으로 파악할 수 있다. 그리고 그는 자신이 파악한 바를 명확히 털어놓는다. 그러나 이것이 그가 말한 바 전부를 자신이 책임진다는 것을 뜻하지는 않는다. 그래서 나는 표면적으로 단순한 그의 언어에 보기 좋게 속아 넘어갔었다. 나는 각각의 문장을 이해했다고 생각했는데, 루소의 전체 사상 속에서 각각의 문장들이 차지하는 위상에 대해서는 질문하지 않았던 셈이다. 그러한 사실을 알아차리고 나자 루소와 나를 가로막고 있던 장애물이 제거되었다. 그러므로 모든 점에서 그가 옳다고 인정한 것은 아니지만 내 입장에서 문제를 생각하기 위해 그의 접근 방법을 이용한 것은 분명한 사실이다.

문제는 인간이 가야 할 길에 관한 것이다. 우리가 이것을 문제라고 부르지 않으려고 피한다고 해도, 오늘날 우리에게 제기되는 문제라는 데는 변함이 없다. 루소는 이에 대한 해답을 단순화해서 제시한다. 물론 대단히 복잡한 체험을 바탕으로 한 것이다. 나도 또한 루소를 대폭 단순화했다. 루소가 자신의 삶을 해석하고 재구성했듯이, 나도 루소의 사상 체계를 해석하고 재구성했다. 그 가운데 많은 것을 버리고 일부만을 취했다. 이와 같이 가지치기를 한 후에도 여전히 사고할 수 있는 도구가 남아 있다면, 그것은 또다시 루소의 역량이라고 해야 할 것이다.

츠베탕 토도로프

차례

제1장 이론의 구조

1. 자연 상태와 사회 상태

　인간의 조건이라는 문제에 대해 루소가 모색한 여러 가지 해결책을 이해하고 자리 매김하기 위해서는, 우선 루소 이론의 주요 부분과 전체적인 구조를 살펴야 한다. 따라서 우리는 루소를 사로잡은, 자연과 사회의 대립을 우선 이해할 필요가 있다. 루소에게 있어 '자연 상태*état de nature*'와 '사회 상태*état de société*'는 대립되어 있다. 이 두 가지 상태는 인간의 두 가지 유형과 짝을 이룬다. 루소는 그것을 '자연인(자연적 인간)'과 '인간의 인간' 또는 '자연의 인간'과 '여론의 인간'이라고 부른다. 혹은 '미개인'과 '사회인' 또는 '자연의 인간'과 "우리의 제도와 편견이 바꾸어놓은 부자연스럽고 이상한 인간"(『대화』,[1]

---

1) 『대화*Dialogues*』로 더 잘 알려져 있는 『루소, 장 자크를 심판하다*Rousseau juge de Jean-Jacques*』는 1772년과 1774년 사이에 집필된 것이다.

I, 728)이라고 부른다.

우선 루소는 스스로 자신의 사상 체계의 근본 원리로 보았던 이 대립에 대해 인간은 본원적으로 선(善)하다고 주장하였다. 그는 첫번째 논문 『학문 예술론 *Discours sur les sciences et les arts*』이 불러일으킨 논쟁 속에서 다음과 같이 표현하고 있다. "그럼에도 불구하고, 내가 그렇게 믿고 있는 것처럼, 그리고 다행히도 그렇게 느끼고 있는 것처럼, 인간은 본래 선하다"(「마지막 반론」,[2] III, 80). 루소는 말년까지도 그것을 자신의 '대(大)원리'라고 했으며, "자연은 인간을 행복하고 선하게 만들었다"(『대화』, I, 934)고 말했다.

그런데, 자연의 인간이 선하다고 한다면, 인간의 인간은 선하지 않다. 또는 루소가 종종 말하는 것처럼, 인간은 선하지만, 인간들은 악하다. 우리의 눈앞에 있는 인간들은 타락했고, 동시에 불행하다. 이러한 반전(결과)은 자연 상태에서 사회 상태로 변화하는 과정에서 이루어진다. 그리고 이런 끔찍한 결과를 초래한 것은 제도나 사회 질서, 한마디로 말해서 사회이다.

---

2) 「마지막 반론Dernière réponse」. 루소는 1750년에 발표한 『학문 예술론』에서 학문과 예술이 발달하면서 도덕이 타락하게 되었다고 주장했다. 이 같은 주장은 당시의 주류 사상이었던 계몽주의적 관점과 분명히 대비되는 것이었다. 샤를 보르드Charles Bordes는 1751년 12월, 『메르퀴르 드 프랑스 *Mercure de France*』지에 「학문 예술이 주는 이점에 관하여」를 게재한다. 1752년 4월에 같은 신문에 게재한 루소의 「마지막 반론」은 그 글에 대한 답변이다.

여기까지의 루소의 생각은 '황금시대*l'âge d'or*'의 신화, 즉 과거에 대한 동경이 현재에 대한 비판을 수반하는 신화에 대한 다양한 해석과 유사하다. 루소는 이러한 비유를 옹호하면서 다음과 같이 말한다. "사람들은 황금시대를 공상적인 것으로 취급한다. 사실 그것은 하나의 공상이다. 그러나 모든 이상을 단념한 사람이나 타락한 마음을 가진 사람에게만 그런 것이다"(「마지막 반론」, III, 80; 『에밀*Émile*』, IV, 859). 그리고 그는 황금시대와 자기 자신의 자연 상태를 동일시하는 것을 부정하지 않는다. 그는 작가로서 첫발을 내디뎠을 때를 회상하면서, 특히 『학문 예술론』을 염두에 두고서, 자신이 깨달은 바를 다음과 같이 기술하고 있다. "아카데미가 제시한 엉뚱한 질문이〔……〕나에게 또 다른 세계, 진정한 황금시대, 순박하고 현명하고 행복한 인간들의 사회를 제시했다"(『대화』, I, 828~29).

이 점에 관해서 당장은 세세하게 설명하지 않겠다. 다만 이 '선(善)함'이라는 것이 모순되지는 않더라도 약간 특이한 성격을 지니고 있음을 먼저 분명히 해두고자 한다. 루소에 의하면 이 선함은, 인간이 아직 이성을 제대로 사용할 수 없어서, 선과 악을 구분하지 못하는 세계에서 나타나는 것이기 때문이다. 자연의 인간은 의도적으로 선량한 것이 아니다. 자연인의 행위가 선하다는 것은 자연인이 아닌 외부의 관점, 이를테면 오늘의 우리 관점에서 보았을 때에 확인할 수 있다. 그래서 이 문제에 관해 더 엄밀하게 고민할 때 루소는 자연 상태와 황금시대를 동일시하지 않는다. "초창기의 어리석은 인간은 관심이 없었고, 그 후 계몽된 인간은 황금시대의 행복한 삶에 관심이 없었다. 그래서 황금시대의 행복한 삶은 인간이라는 종족에게는 늘 낯선 상태였다. 인간은 그것을 향유할 수 있을 때에는 그것을 등한시했고, 그러한 사실을 인식했을 때에는 이미 그것을 상실한 뒤였다"(『사회계약론』초고, III, 283).

그렇다면 자연 상태와 사회 상태의 모든 차이는 어디에서 비롯되는 것일까? 이 차이는 자연 상태에 있는 인간이 혼자이기 때문에 생긴다. 혼자라는 것은 아담처럼 유일하다는 의미가 아니라 다른 사람의 존재를 고려하지 않는다는 의미이다.

루소는 『인간 불평등 기원론 *Discours sur l'origine de l'inégalité*』(또는 『제2논문』[3])에서, 인간은 혼자이고 고독하다고 되풀이해서 말한다. 인간은 "자신과 같은 인간들과 어떠한 교류도 없다"(같은 책, III, 199). 인간은 타인을 필요로 하지 않고, 타인에 무관심하다. 반대로 사회 상태(이 용어 자체가 이미 많은 것을 설명하고 있다)에서 인간은 전적으로 사회적인 소속과 타인과의 의존 관계, 그리고 다른 인간과의 교류에 의해 결정된다. 인간은 타인이 존재한다는 것을 인식하고, 그들의 시선을 의식한

---

3) 텍스트에는 『제2논문』(원제: 『인간 사이의 불평등의 기원과 근거들에 대한 논문』)이라 되어 있지만, 통칭을 사용해 『인간 불평등 기원론』으로 번역했으며, 『제1논문』(원제: 『학문과 예술에 관한 논문』)으로 표기된 것은 통칭을 사용해 『학문 예술론』으로 번역했다.

다. 그리하여 "인간은 남을 주목하고 자신도 남에게 주목받고 싶다"(같은 책, III, 169)는 생각을 하게 된다. 인간은 타인의 눈을 통해 자신을 바라보고, 자신이 존재하고 있다는 것을 분명히 드러내려고 노력한다. 오늘날 우리가 관찰할 수 있는 것처럼, 인간에서 생기는 모든 차이는 사회성*socialité*에 기인한다. "사실 모든 차이들의 직접적인 원인은 바로 다음에 있다. 미개인은 자기 자신 속에서 살고 있으나 사회인은 언제나 자기 밖에 존재하며 타인의 의견 속에서만 살아간다. 말하자면 자기가 존재하고 있다는 느낌을 타인의 판단에 의해 느낀다는 것이다"(같은 책, III, 193).

'자연 상태'와 '사회 상태,' 그리고 '자연의 인간'과 '여론의 인간'의 대립은 그것과 병행하는 또 다른 대립 관계를 유발한다. 자기애*amour de soi*와 이기심*amour propre*의 대립 관계가 그 것이다.[4] 자기애란 동물과 마찬가지로 미개인(자연인)이 가지고 있는 감정이다. 대체로 자기 보존 본능을 말한다. 이것은 "인간에게 유일한 자연적인 감정*passion*"(『에밀』, IV, 322)이

---

4) 자기애와 이기심의 비교는 『인간 불평등 기원론』의 주 15를 참조하라. "자기애는 자연적인 감정으로 모든 동물들이 자기 보존에 주의를 기울이게 한다. 그리고 인간에게는 이성에 의해 안내되고 동정심에 의해 변화되어 인간애와 미덕을 만들어낸다. 반면에 이기심은 사회 속에서만 생겨나는 상대적이고 인위적인 감정이다. 그래서 각 개인으로 하여금 타인보다는 자기 자신을 더 존중하게 하여 인간이 서로에게 행하는 모든 악을 야기한다. 그것은 명성이라는 것의 진정한 동기이다."

며, "다른 모든 것보다 앞서며 원시적이고 선천적인 것이다. 다른 감정은 어떤 의미에서 그것의 변형물에 지나지 않는다"(같은 책, IV, 491). 자연인은 선하다는 것이 무엇이고 악하다는 것이 무엇인지 모르기 때문에 자연인의 자기애는 선악의 판단에서 벗어난다. 반면에 이기심은 전적으로 사회인의 특징이다. 타인과의 관계에서 자기를 자리 매김하고, 다른 누구보다도 자기 자신을 사랑한다. 그리고 이것은 타인을 미워하고 자신에 대해 불만을 가지게 한다. 자기애가 미덕의 원천이라면 이기심은 온갖 악덕의 근원이다.

루소에 대해 일반인들이 갖고 있는 이미지는 전문가들이 갖고 있는 이미지와는 다른데, 루소는 일반인이 생각하는 것처럼 사회나 사회가 인간에게 미치는 영향을 과소평가하지 않는다. 그와는 정반대로 그는 『인간 불평등 기원론』에서 인류의 현재 특징을 모두 '사회생활 *la vie sociale*'이라는 단 하나의 사실로부터 추론하려고 했다. 사회생활에서 이성이나 양심, 도덕적 감정이 생기며, 사유재산이나 불평등, 종속 관계, 그리고 모든 형태의 경제생활이 생긴다. 또한 거기에서 갖가지 법률과 제도가 생기고, 전쟁도 일어난다. 언어, 기술, 학문, 예술도 생긴다. 우리가 실제로 경험하는 감정이나 생각까지도 거기에서 생긴다. 루소가 『언어 기원에 관한 시론』에서 말한 것처럼, "인간이 사교적이기를 원했던 존재[신을 말한다―옮긴이]는 손가락으로 지구의 축을 건드려 그것을 우주의 축 위로 옮겼다. 나는 그 가벼운 동작으로 인해 지표면이 변하여 인간의 성향이 결정되었다고 상상한다."[5]

그러나 일반인에게 널리 알려진 것처럼, 루소는 자연 상태를 지지하고 사회 상태를 경멸한다. 앞에서 지적한 것처럼 루소의 설명은 전혀 중립적이지 않다. 루소는 자연 상태와 사회 상태에 대해 자신이 어떤 판단을 내렸는지를 끊임없이 알리려고 노력했다. "순수한 자연 상태란 지상에서 대다수의 인간이 가장 덜 사악하고, 가장 행복한 상태를 말한다"(「정치 단상(斷想)」, Ⅲ, 475). 그에 반해 사회 상태는 "타인의 불행 속에서 자기의 이익을 찾는"(『인간 불평등 기원론』, Ⅲ, 202) 상태를 말한다. 이 상태는 "모든 인간에게 서로를 해치려는 옳지 못한 마음을 불러일으킨다"(같은 책, Ⅲ, 175). 그런데 어떻게 이러한 상태에 대해 관대한 태도를 취할 수 있겠는가?

인류에 대한 이런 부정적 견해 때문에, 루소는 철학자 홉스 Thomas Hobbes[6]나 풍자가 라 로슈푸코François de La Roche-

─────────

5) *Essai sur l'origine des langues*, Edition de Bordeaux, 1968, p. 109.

6) 영국의 철학자·법학자(1588~1679). 홉스는 『리바이어던*Leviathan*』에서 인간의 내면에 자리 잡고 있는 악한 본성으로 말미암아 세상이 '만인의 만인에 대한 투쟁'의 상태에 놓이게 될 것이라고 주장했다. 즉 모두가 제각각 자신의 이익만을 추구하는 과정에서 상대방의 이익과 충돌하게 되고, 이것이 결국 커다란 사회 혼란으로 이어진다는 것이다. 따라서 이러한 사회 혼란을 극복하기 위해서는 강력한 힘을 가진 군주가 인민을 통제해야 하며, 이를 위해 인민은 자신이 가지고 있는 천부 인권을 절대 군주에게 양도해야 한

foucauld[7] 등과 비교된다. 이들의 설명은 비슷하며, 루소도 그 점을 알고 있었다. 그러나 그는 자신이 보기에는 중요하다고 생각되는 차이를 발견했다. 그것은 이들이 인간의 본성(혹은 자연 상태의 특질)이라고 생각하는 것이 자신에게 있어서는 사회의 결과에 지나지 않는다는 점이다. 루소는 그들과 달리 자연 상태의 인간은 선량하다고 생각한다. "그러므로 홉스의 잘못은 독립적이고 사회적인 인간들 사이에 전쟁 상태를 설정하지 않고, 이러한 상태를 인류가 타고난 것이라 가정했다는 것이다"(『사회계약론』 초고, Ⅲ, 288). "홉스를 비롯한 철학자들은 자연인을 자기들 눈앞에 있는 인간과 혼동하는 오류를 범하고 있다"(『생 피에르 사제론』, Ⅲ, 611).

자연 상태의 인간은 인간이라는 신분을 벗어버린다. 거기서 인간은 더 이상 '이성적 동물'이 아니며, '사회적 동물'도 아니다. 이러한 '자연 상태'를 상상했다는 것이 터무니없다고 생각

다고 보았다. 루소는 홉스가 현재의 인간의 모습을 자연 상태에 투영하는 오류를 범하고 있다고 비판한다. 그를 비롯한 자연법 학자들 모두가 사회에서 얻은 관념인 필요·탐욕·억압·욕망 등을 자연 상태로 인식하고 있으며, 미개인을 말하면서 실질적으로는 사회인을 묘사하는 오류를 범하고 있다는 것이다.

7) 프랑스의 고전 작가(1613~1680). 재상 리슐리외에 대한 음모에 가담했다가 투옥되었으며, 또 프롱드의 난에 주모자로 가담하였다가 패하여 은퇴하였다. 인간 심성에 대한 사색과 성찰로 1665년 『잠언과 성찰』을 집필하였고, 생전에 5판까지 거듭했는데, 신랄하고 염세적인 시선으로 인간 심리의 미묘한 심층을 날카롭게 파헤쳤다.

할 수도 있다. 하지만 자연 상태와 사회 상태의 대립은 루소가 인간이 가야 할 길을 탐구하는 데 있어 꼭 필요한—차차 밝혀지겠지만 효과적인—수단이 될 것이다.

2. 치료법

루소가 '잃어버린 이상'의 이름으로 현대의 인류에 대해서 신랄한 비판을 가한 인물임은 분명하다. 그렇다고 해서 루소가 원초주의자이거나 원시로의 회귀를 주장하는 사람이었을까? 전혀 그렇지 않다. 루소는 자연 상태와 사회 상태를 구별한 후에, 과거에도 없고 현재에도 없는, 하지만 미래에는 있을 '제3의 상태'를 덧붙인다. 이 상태는 따라야 할 방향을 제시한다. 사람들은 거기에서만 앞에서 언급한 악(惡)을 퇴치할 수 있는 치료법을 발견할 수 있게 된다고 말한다.

그런데 자연 상태가 '과거'의 상태라고 말하는 것은 부당하다. 그렇게 되면 자연 상태로 돌아가는 것이 불가능해지기 때문이다. 루소는 『인간 불평등 기원론』의 서문과 전문(前文)에서 그것을 자세하고 분명하게 설명하였다. 그에 따르면 자연 상태라는 개념은 인간 정신이 만들어낸 산물이며, 실재하는 사실들을 쉽게 이해하기 위한 허구에 지나지 않는다. 현실에서 비교할 수 있는 사실이 존재하는 곳은 아닌 것이다. 루소가 설정한 목표는 "더 이상 존재하지 않으며 어쩌면 결코 존재한 적도 없고, 아마 앞으로도 존재하지 않을 듯한 어떤 상태, 그럼에도 우리의 현재 상태를 올바르게 판단하기 위해 정확한 기초 지식을 가질 필요가 있는 그런 상태를 제대로 아는 것"(『인간 불평등 기원론』, Ⅲ, 123)이다. 루소가 연역적으로 이끌어내려 한 사실이나 명제는 역사학과 아무런 관련이 없다. "우리가 이 문제에 대해 할 수 있는 연구는 역사적인 진실이 아니라 다만 가설적이고 조건적인 추론 *raisonnement*이다. 그러한 추론은 사물의 진정한 기원을 증명하기보다 사물의 본성을 해명하는 데 적합하며, 자연과학자들이 이 세계의 생성에 대해 날마다 행하고 있는 추론과 유사하다"(같은 책, Ⅲ, 132~33).

이러한 자연 상태가 존재했다고—혹은 루소의 사상을 적극적으로 받아들이는 차원에서, 자연 상태에 가까운 상태가 미개인들에게 존재했다고—가정한다고 해서 과거로 돌아가는 것이 가능한 것은 아니다. 인간은 일단 사회 상태로 이농한 후에는 더 이상 자연 상태로 되돌아갈 수 없다. 루소는 이 점에 대해 언제나 단호한 태도를 취했다. 초기작 『학문 예술론』에 대한 비판에 응답—폴란드의 스타니슬라스 1세에게 보낸 「관찰 Observations」에서—하면서 루소는 "사람들은 일단 타락하면 자연 상태로 되돌아갈 수 없다"[8]고 적었으며, 말년에도 "인간의 본

---

8) "Observations de Jean-Jacques Rousseau, sur la Réponse à son Discours

성은 결코 되돌아가지 않는다"(『대화』, I, 935)고 말한 바 있다.

사람들은 아주 오랫동안 루소가 학문이나 예술을 도시국가에서 추방하고자 했다고 오해해왔다. 루소는 비평가들이 제기한 반론에 대한 답변에서 그것은 아무 짝에도 쓸모가 없다고 단언한다. 악(타락)은 이미 저질러졌기 때문이다. 더욱 심각한 문제는, 타락에 야만적인 행위가 추가될 것이기 때문에, 학문이나 예술의 추방이 틀림없이 부정적인 결과를 가져올 것이라는 점이다. 학문과 예술이 인간의 타락에서 생겨났다고 해도, 현재와 같은 상황에서는 학문과 예술이 더 심각한 타락을 차단하는 역할을 하고 있다고 할 수 있다.

일반적인 사회생활에 대해서도 마찬가지이다. 루소는 『인간 불평등 기원론』의 주 9에서 다음과 같이 주장하고 있다. "그렇다면 어떻게 해야 하는가? 사회를 파괴하여 내 것과 네 것의 경계를 없애고 숲으로 돌아가 곰들과 함께 살아야 할 것인가? 이것이 나의 적대자들이 내리는 결론이지만, 나는 이러한 결론이 얼마나 바보 같은 것인지를 보이고 그에 대한 예방책을 마련하고자 한다"(III, 207). 그와 같은 해결책은 일반 사회에서는 상상할 수 없는 일이며, 루소도 받아들일 수 없는 것이다. "아무래도 나는 나 자신과 비슷하게 타락한 사람들과 함께 살지 않

[Réponse à Stanislas]," in *Jean-Jacques Rousseau, Œuvres complètes*, tome III, Paris, Gallimard, Bibiothèque de la Pléiade, 1964, p. 56.

으면 안 될 것이라고 마음속으로 남몰래 통감하고 있다"(「필로 폴리스에게 보내는 편지」, Ⅲ, 235).

그러므로 '자연 상태'로 되돌아가는 것은 과거뿐만 아니라 현재에도 결코 치유 방법이 될 수 없다. 치유 방법은 앞으로 나아가는 것이지, 되돌아가는 것이 아니기 때문이다. 루소는 이상적인 미래를 구상했으며, 『인간 불평등 기원론』 후의 모든 저작들에서 이상적인 미래를 설명했다. 『인간 불평등 기원론』과 그 후의 작품들 사이에 모순이 있다는 것은 당치도 않다. 오히려 둘 사이에는 필수적인 보완 관계가 유지되고 있다. 루소는 『인간 불평등 기원론』 이후의 글에서 『인간 불평등 기원론』에서 제기된 물음에 대답하고, 현재에 대한 비판적인 분석을 정립하려고 노력했다. 『인간 불평등 기원론』에서 그 해결책을 어렴풋이 짐작할 수 있다.

이 책에서 논문의 헌정(獻呈) 대상인 제네바 공화국은 비판이 아니라 찬사를 받고 있다. "자연법에 가상 가까운 형태로, 사회에 가장 적합하게"(Ⅲ, 111) 통치되고 있기 때문이다. 그런데 그런 일이 가능할까? 루소는 『인간 불평등 기원론』의 주 9에서 미덕의 발휘, 이웃 사랑, 법과 군주에 대한 복종 등 긍정적인 사회적 행동에 대해 언급하고 있다. 우리의 상황은 희망이 없는 것이 아니며, 올바른 방향으로 출발하는 것만으로 충분하다는 것이다. 또한 『사회계약론』 초고에서 우리는 다음과 같은 문장을 읽을 수 있다. "우리에게는 미덕도 행복도 없고,

신은 인류의 타락에 대한 해결책도 없이 우리를 버렸다고 생각하지 말자. 악에서부터 그것을 치유할 치료법을 끌어낼 수 있도록 노력하자. 가능하다면 새로운 조직*association*으로 일반적 조직의 결함을 교정하자. 〔……〕 초기 단계의 예술이 자연에 가한 잘못을 완성된 예술이 보상하는 것을 우리의 상대에게 보여주자"(Ⅲ. 288). 인류 운명의 모습은 이제 더 이상 황금시대의 신화와 닮지 않았다. 오히려 (인간의 조상이 원죄를 짓기 이전인) 원시의 순수와 타락과 구원이라는 세 가지 시기를 갖는 그리스도교 신화와 닮았다(물론 이것은 형식적인 유사함이며, 루소와 그리스도교의 대립을 더욱 명백하게 드러내는 데 사용될 것이다). 루소는 이제 낙관주의자가 되었다.

그러나 루소가 제안한 치료법의 세부적인 내용을 검토하기 전에 우선 예기치 못한 복잡함에 대항하지 않으면 안 된다. 궁지에서 벗어날 길을 가까스로 찾는가 싶더니 루소는 우리가 처할 새로운 위험을 경계하게 한다. 치료법이 단 한 가지밖에 없는 것은 아니기 때문이다. 그리고 치료법이 여러 가지라는 것이 또 문제가 된다.

3. 인간과 시민

만약 현대인이 스파르타나 로마와 같은 고대 공화제의 주민과 비슷했다면 문제가 발생하지 않았을 것이다. 루소의 주장에 따르면 그 당시 개인은 사회와 무관한 개체*entité*가 아니었기 때문이다. 개인은 도시국가의 일부분에 지나지 않았고, '시민*citoyen*'에 불과했을 뿐이다. 이상적인 도시국가가 맞닥뜨린 문제를 해결하기만 하면 주민은 동시에 행복해졌다. 그러나 현대인의 상황은 전혀 다르다. 현대인은 한편으로 스파르타인이나 로마인처럼 개별 사회의 구성원이요, 시민이다. 그리고 그 사회의 최대 이익을 위해 행동할 의무가 있다. 그러나 다른 한편으로 그는 한 사람의 개인이다. 즉 자기 자신의 행복을 위해 행동하는 독립적인 개체이지만, 사회에 종속되어 있는 존재이다. 그는 또한 하나의 인간이며, 루소가 지적한 것처럼 '자연인'이다. "자연인은 자기 자신이 전부이다. 자연인은 수(數) 단위와 같은 존재로, 자기 자신이나 자신의 동류하고만 관련이 있는 절대적인 정수(整數)이다. 시민은 분모에 의해 가치가 결정되는 분수의 분자처럼 사회체(社會體, *corps social*)라는 전체와 관련되어 그 가치가 결정될 뿐이다"(『에밀』, IV, 249).

인간과 시민의 대립은 자연 상태와 사회 상태의 대립과 동일시될 수 없을 것이다. 또한 자연인—자연의 인간—과 사회인—인간의 인간—의 대립과도 동일시될 수 없을 것이다. 자연인과 사회인의 대립은 이상적인 연속*succession idéale*을 묘사한 것이기 때문에 역전시킬 수 없다. 인간과 시민의 대립에서 '인간' 역시 '시민' 다음에 생겨난다. 하지만 여기서의 '인간'은 전혀 다른 의미로 사용되었다. 우선 그것은 역사적 우연성과 관련되는 것이지, 인류의 정체성과 관련되는 것은 아니다. 그러한 관점에서 로마인과 프랑스인은 (서로) 다르지만 둘다 '인간의 인간'이라는 범주에 속한다. 다른 한편으로, 현대국가의 국민으로서 로마인과 프랑스인은 또한 동시에 존재할 수있다. 따라서 이 경우에 우리는 더 이상 여러 단계를 뛰어넘는과정에 있는 것이 아니라 양자택일의 상황에 놓이게 된 것이다.

두 가지 대립은 서로 독립적이다. 하지만 최초로 혼돈을 불러일으킨 것은 바로 루소이다. 분명 우연이라고는 할 수 없는이유로, 루소는 상상 속에 존재하는 자연 상태의 국민과 동시대의 국가에 분명하게 실재하는 국민—사회 상태에 살며 그 어떤 경우에도 자연인과 혼동될 수 없는 국민— 을 동일하게 '자연인'이라고 불렀다. 루소는 종종 '자연인'을 간략하게 '인간'—여기서 문제되고 있는 것은 '남성'을 가리킨다— 이라고 부른다. 하지만 그 차이는 그다지 명백하지 않다. 따라서 우리는 이와 같은 혼동을 피하기 위해서(그리고 그 차이를 보이기 위해서), 루소가 사용한 전문적인 용어 체계와 관계가 없지만 루소가 말하고자 했던 개체에 상응하는, 새로운 용어를 하나 도입하고자 한다. 우리는 그것을 시민과 대비시켜 '개인*individu*'이라고 부르고자 한다.

시민과 개인이 취하는 길은 서로 다르다. 그리고 거기에는분명한 이유가 있다. 양자가 추구하는 목적이 같지 않기 때문이다. 시민은 집단의 성공을 목적으로 하고, 개인은 개인의 성공을 목적으로 한다. 둘의 차이를 보다 분명하게 드러내기 위해서 루소는 각각의 길을 훌륭하게 대표하는 인물들을 제시한다. 「마지막 반론」에서 시민 역(役)은 "국가에 대해 음모를 꾸민 자신의 자식들을 사형에 처한"(III, 88) 브루투스Brutus가 맡았다. 여기서 개인의 역(役)은 제시되지 않았다.[9] 이것과 상반되지만 루소는 이 문제를 (『백과전서』에 기고한) 「정치경제론Économie politique」에서 더욱 상세히 다루고 있다. 여기서 두 축을 대표하는 인물은 카토Cato[10]와 소크라테스Socrates이

---

9) 루소는 후일 성 아우구스티누스(Aurelius Augustinus, 354~430: 로마의 주교 · 성인)가 브루투스를 비난한 것을 언급하면서 다음과 같이 말하였다. "나는 성 아우구스티누스가 브루투스의 고귀하고 아름다운 덕행(德行)에 대해 가당찮게 빈정거렸다는 것을 유감스럽게 생각한다. 교회의 덕망 있는 성직자들은 용기와 명예가 만들어낼 수 있는 고귀한 모든 것을 훼손하면서 자신들 때문에 생긴 악(惡)을 알아차리지 못했다. 그리스도교의 숭고함을 지나치게 드높이려 한 나머지 그들은 그리스도교인들에게 비겁한 인간이 되는 법을 가르쳐주었다"(『루소 전집Jean-Jacques Rousseau, Œuvres complètes』〔플레야드 총서〕, III, 506).

10) 소(小) 카토(Cato Uticensis, Marcus Porcius, 기원전 95~46)를 말한다. 대 카토의 증손자로 로마 공화정 말의 정치가이자 스토아학파 철학자. 카이사르의 정적으로 그의 독재에 대항하다 패전하여 자살하였다. 오늘날 공화정적인 자유를 위해 순직한 사람으로 칭송받고 있다. 루소는 『에밀』에서 다음과 같이 말하고 있다. "소 카토는 어린 시절 저능아로 보였다. 그는 말수가 적었으며 고집불통이었다. 그것이 그에 대한 평판의 전부였다. 그의 숙부가 그를 진정으로 알아보기 시작한 것은 술라의 집 대기실에서였다. 그가 그 대기실에 들어가지 않았다면 아마도 그는 철이 들 때까지 사람 같지

32

다. 시민과 개인을 대표하는 인물의 선택에서 짐작할 수 있는 것처럼 시민의 역할은 고대인(여기서는 로마인)의 몫이다. 그렇다고 해서 개인의 역할이 근대인이나 고대 그리스도교인에게 부여된 것은 아니다. 소크라테스―물론 루소가 생각하여 선택한 소크라테스이다―가 선택된 것으로 봐서 고대에도 이미 개인의 길은 실천될 수 있었다. 알다시피 이러한 대립 관계는 몇몇 표현에서 추정되듯이 고대인과 근대인 사이에 있는 것이 아니다. 저마다의 용어 속에 예진에는 스파르타와 아테네, 지금은 제네바와 파리의 예가 보여주는 것처럼 두 가지가 대립하고 있는 것이다. 기껏해야 시민 정신은 고대에 지배적이었으며, 개인 정신은 근대에 우세했다고 말할 수 있을 것이다.

소크라테스와 카토는 둘 다 훌륭하지만, 그 이유는 다르다. 소크라테스는 자기 주위의 인간들을 보았다. 그는 같은 나라 사람과 다른 나라 사람을 구분하지 않고, 개인적 미덕과 예지를 열망했다. 반면 카토는 같은 나라 사람밖에 알지 못했으며, 그것도 자기 자신의 행복이 아니라 공동의 행복을 위해 일했다.[11]

않은 아이로 통했을 것이다. 만약 카이사르가 존재하지 않았더라면, 아마도 사람들은 카이사르의 그 불길한 재능을 꿰뚫어 아주 먼 훗날 그의 모든 계획을 예견했던 바로 그 카토를 여전히 망상가로 취급했을 것이다. 오, 아이들을 너무 서둘러 판단하는 사람들은 얼마나 오류를 범하기 쉬운지!" (『에밀』, Ⅳ, 343)

11) 루소가 시도한 소크라테스와 카토의 비교는 철학자와 애국자가 모든 사람의 행복을 위해서 각각 무엇을 할 수 있는지를 잘 보여준다. 결국 모든 사

루소는 『사회계약론 *Du Contrat social*』의 '시민의 종교'의 장에서 이 구별을 다시 언급한다. 이번에는 시민은 거론되지 않는다. 개인에 대한 이야기를 하면서도 소크라테스가 아니라 예수 그리스도를 예로 들고 있다. 그리고 "인간의 종교와 시민의 종교"(III, 464) 사이의 차이를 지적하고 있다. 그러나 이 두 용어의 본질은 그대로이다. 두 종교 가운데 한쪽의 보편주의 *universalisme*는 다른 쪽의 조국애*patriotisme*와 대조를 이룬다.

람을 행복하게 만들어줄 수 있는 사람은 유덕한 철학자인 소크라테스가 아니라, 진정한 애국자인 카토임이 드러난다. 루소는 『정치경제론』에서 다음과 같이 말하고 있다. "소크라테스와 카토를 감히 비교해보자. 전자는 다른 무엇이라기보다 철학자이며, 후자는 시민이다. 소크라테스 시대에 아테네는 이미 멸망하여 소크라테스는 전 세계 이외에는 다른 조국을 갖지 못했다. 반면 카토는 항상 그의 가슴 깊숙한 곳에 조국을 담고 다녔다. 그는 조국만을 위해 살았으며, 조국과 생을 같이하였다. 소크라테스가 지닌 덕은 가장 지혜로운 자의 덕이다. 그러나 카이사르와 폼페이우스에 비교해본다면 카토는 사람들 가운데 하나의 신과 같이 보였다. 소크라테스는 몇몇 개인만을 교화하고, 소피스트와 싸우며, 진리를 위해 죽었다. 카토는 세계를 정복하려는 자에 대항하여 국가, 자유, 법을 수호하다가 봉사할 조국을 상실하자 이 세상을 하직하였다. 소크라테스의 훌륭한 제자가 동시대인들 가운데 가장 유덕한 사람이라면 카토의 훌륭한 제자는 동시대인들 가운데 가장 위대한 인간일 것이다. 전자의 덕은 자신의 행복을 창조하는데, 후자는 다른 모든 사람의 행복에서 자신의 행복을 찾는다. 우리는 전자로써 교화되고 후자로써 지도를 받을 수 있을 것인데, 이것으로도 어떤 것을 선택하느냐를 결정하기에 충분할 것이다. 왜냐하면 현명한 사람들로 구성된 인민은 있을 수 없으나 인민을 행복하게 만드는 것은 불가능하지 않기 때문이다"(『루소 전집』〔플레이아드 총서〕, III, 255).

그리스도교는 그 보편 지향으로 인해 어떤 국가적인 계획과도 양립할 수 없다. "이 종교는 시민들의 마음을 국가에 결부시키기는커녕 지상의 모든 것과 마찬가지로 조국에서 분리시킨다"(같은 책, III, 465). "복음(福音)은 국민 종교를 수립하는 것이 아니기 때문에 모든 성스러운 전쟁은 그리스도교인에게 불가능하다"(같은 책, III, 467).

여기서 두 용어 가운데 어느 하나에 대해서만 더 높은 가치를 부여했다고 말할 수는 없다. 오히려 독립적인 두 개의 가치 체계가 있다고 할 수 있다. 그리스도교의 보편성은 "신학의 체계와 정치의 체계"(같은 책, III, 462)를 분리하는 데 기여했다. 그러나 보편적인 것이 되어버린 이 신학은 도덕에 불과하다. 정치와 도덕은 혼동되어서는 안 된다. 여기서도 루소는 서로 다른 사실들을 같은 용어로 지칭하고 있다. 그는 여기저기서 '미덕'을 논하지만, 루소가 말하는 '시민의' 미덕은 '인도주의적' 미덕과 반드시 일치하지는 않는다. 그가 '정의'라고 말할 때도, 그 정의가 국가의 법률과 관련하여 행사되는 것인지 아니면 보편적 원칙—이 경우에는 정의를 '형평성équité'이라고 말할 수 있을 것이다—과 관련하여 행사되는 것인지 명확하지 않다.

루소는 이 두 가지 길의 차이를 지적하는 데 그치지 않고, 나아가 두 가지가 근본적으로 양립 불가능하다고 주장한다. 그 둘이 서로 상반된다는 것이다. 적어도 『에밀』을 쓸 무렵까지 루소는 그렇게 생각하고 있었다. "자연과 싸우든지 아니면 사회 제도와 싸우도록 강요받기 때문에, 한 인간을 만드느냐 아니면 한 시민을 만드느냐 중 하나를 택해야 한다. 왜냐하면 그 둘을 동시에 만들 수는 없기 때문이다"(IV, 248). 시민 정신 *civisme*의 성공은 '인류애 *bumanitarisme*'의 성공과는 반비례한다. "좋은 제도라는 것은, 인간을 가장 교묘하게 탈자연화 *dénaturer*하는 제도이다"(같은 책, IV, 249). 여기서 '탈자연화'라는 말은 시민과 대비된 '자연인'과 관계가 있다.[12] "조국애와 인류애 양쪽을 바라는 입법가는 그 어느 쪽도 얻지 못할 것이다. 양자가 조화를 이룬 적은 지금까지 없었고, 앞으로도 없을 것이다. 왜냐하면 그것은 자연에 반(反)하는 것이며, 같은 생각에 두 가지 목적을 둘 수는 없기 때문이다"(『산에서 쓴 편지』, III, 706).

이러한 갈등을 언급한 것은 루소가 처음이 아니었다. 그리고

---

12) 『에밀』의 주제는 '아이들을 어른의 독재적인 기대에서 해방시켜 아이의 기능이 아무런 제재도 받지 않고 제때에 쑥쑥 자라나게 하자'는 것이다. 이 책 제1권에서 루소는 그 서로 다른 원천을 제시하면서 교육에는 세 가지 유형이 있다고 밝힌다. 그 다른 원천은 각각 자연, 사물, 사람이다. 이 세 가지가 적절히 조화된 개인은 잘 성장할 수 있다고 루소는 말한다. 그러나 곧이어 이런 종합적인 교육의 실현이 정말로 어렵다고 지적한다. 왜냐하면 자연인은 완전히 그 자신만을 위해서 사는 데 비해 문명인은 공동체 전체를 위해 살아가므로 탈자연화(脫自然化)해 있기 때문이다. 문명인의 독립된 자기 동일성은 상대적 존재로 변모되어 그를 커다란 전체의 한 부분으로 만든다. 그러나 자연 교육이 문명 교육과 결합할 수 있다면 인간 속의 모순은 제거될 수 있으며, 그리하여 인간의 행복을 가로막는 커다란 장애도 제거될 수 있다는 것이다.

마지막도 아니었다. 전형적인 예로 안티고네Antigone[13]를 들 수 있다. 브루투스와 마찬가지로 그녀는 도시국가의 법과 인류의 법 사이에서 어느 쪽인가를 선택하지 않으면 안 되었다. 근대에 와서는 막스 베버Max Weber[14]가 그러한 갈등에 대해 책임의 윤리와 신념의 윤리—그리고 결국은 정치와 도덕—를 분명하게 구별함으로써 중요한 문제를 제시했다. 그러나 루소의 해석은 지나치게 극적이다. 다른 사람들이 단지 의견의 차이라고 인식하는 것을 루소는 환원 불가능한 대립으로 보았다.

사태를 더욱 악화시킨 것은, 루소가 이러한 대립을 모든 모순

---

13) 그리스 신화에 나오는 오이디푸스의 딸. 테베의 성문들 앞에서 벌어진 싸움에서, 숙부이자 테베 왕인 크레온이 오빠인 폴리네이케스를 조국을 배신했다는 이유로 매장하지 못하게 하자 이를 거부했다. 그녀는 망자들의 매장, 특히 죽은 가족의 매장이 신들의 불문율이 제시하는 신성한 의무라 생각하여, 크레온의 명령을 어기고 폴리네이케스의 시신에 한 줌의 먼지를 뿌려주었다. 그것만으로도 종교적 의무를 이행하는 데는 충분한 제의적 행위가 되었다. 형제에 대한 의리에서 나온 이 같은 행동 때문에 안티고네는 크레온에게 사형 선고를 받은 뒤 감옥에서 스스로 목을 매었다.

14) 독일의 사회학자 · 경제학자(1864~1920). 사회과학의 방법론을 전개하였다. 저서에 『프로테스탄티즘의 윤리와 자본주의 정신』 『직업으로서의 정치』 등이 있다. 베버는 정치적 행위의 가치와 목표, 조건, 그리고 결과 사이의 관계에 대해 논의했다. 베버는 '가치 합리적' 행위 유형과 '목적 합리적' 행위 유형으로부터 유추해 윤리적 행위의 고유 가치만이 그 정당화에 충분한 '신념 윤리'와 행위의 수단과 예상 가능한 결과를 고려하는 '책임 윤리'를 대비시킨다. 그는 제1차 세계대전을 치르고 난 독일에서 국가와 정치의 행위가 폭력적인 수단에 의존함으로써 초래된 가치의 이율배반을 체험하고 이러한 이분법적 윤리를 정식화했다.

과 마찬가지로, 돌이킬 수 없는 불행의 원천이라고 굳게 믿고 있었다는 점이다(여기서 인간의 조화의 상실이 불러일으킨 향수는 특별한 논거 없이 자명한 이치로 제시되어 있다). 심지어 루소는 그것을 인간의 불행의 주요한 원천으로 지적하고 있다. "인간을 비참하게 만든 것은 자연과 사회 제도, 인간과 시민의 대립이다. 이러한 불행을 국가에 모두 넘겨버리거나 인간에게 남겨두어라. 그러나 만약 당신이 그와 함께 고민한다면 당신은 그에게 고통을 주는 것이다"(「정치 단상」, Ⅲ, 510). 복합적인 존재인 우리는 어느 쪽의 이상(理想)에도 도달할 수 없다. 두 주인에게 봉사한 나머지 우리는 우리 자신에게나 타인에게나 선량하지 않다. "어느 쪽이든 인간을 한쪽으로 정하라. 그것은 최대한 그를 행복하게 해줄 것이다"(같은 책, Ⅲ, 510). "괜찮은 존재가 되기 위해서는, 또한 스스로 언제나 통일된 한 개체가 되기 위해서는 언행이 일치해야 한다. 〔……〕 누가 내게 그런 놀라운 존재를 보여주었으면 좋겠다. 그가 한 인간인지 시민인지, 아니면 동시에 그 두 측면을 지닌 존재가 되기 위해 어떻게 처신해야 하는지를 알 수 있을 테니 말이다"(『에밀』, Ⅳ, 250).

인간은 두 가지 상반된 이상을 가진다. 그런데 인간은 그 둘의 조화 속에서만 행복할 수 있다. 이러한 삼단 논법의 결론은 논의 과정 중에 내려진다. 인간이 불행하게 살게 된다는 것이다. 그리하여 새로운 불행이 밝혀짐으로써 가까스로 어렴풋이 보이기 시작한 희망이 사라져버리게 되는 것이다. 지금까지 검토한 두 가지 길, 즉 '시민의 길'과 '개인의 길'은 사회 상태로 추락해서 인간이 겪게 된 불행에서 인간이 빠져나오는 데 도움이 될 수 있었을 것이다. 그러나 두 가지 길을 동시에 가야 하는데도 그럴 수 없으니, 인간은 불행한 상태에 빠지지 않을 수 없는 것이다.

4. 개인적 이상에 대한 두 가지 해석

우리는 아직 루소가 인류의 운명에 관해서 제안한 도식을 전부 다 살펴보지 못했다. 그가 마지막으로 제안한 구별을 다시 한 번 생각해보도록 하자. 그 작업은 이전의 작업과 비교해 볼 때 한층 더 중요하다고 할 수 있다. 그 이유는 루소가 그것을 중심 주제로 삼지 않았기 때문이다. 그리고 위에서 언급한 두 가지 길의 특징에 대해서는 상세히 기술하고 특별한 용어를 사용한 반면 새로운 대안의 두 부분에 대해서는 특별한 용어를 사용하지 않았기 때문이다. 그것은 개인의 이상에 대한 두 가지 해석이며, 두 가지 모두 시민의 이상과는 대립된다.

루소가 직접적으로 이 대립을 언급하지는 않았지만, 에둘러 하는 몇몇 표현에서 그것을 짐작할 수 있다. 루소는 소크라테스의 행복은 오로지 소크라테스 자신에게 달려 있으며, 동시에 소크라테스는 그의 사랑을 인류 전체에 바치고 있다고 말한다.

고립된 인간을 대표하든 인류를 대표하든, 사실 개인은 늘 국가의 이익을 무엇보다 우선하는 사람과는 대립된다. 두 가지 대립 관계가 일치할 수는 없다. 그리고 루소는 '독자적인 사회' 속에서 사는 사회인과 "자기 자신이나 혹은 자신과 같은 부류의 인간"(『에밀』, IV, 249)과 관계를 맺는 '자연인'을 정면으로 대립시키고 있다. 그러나 이 '혹은 *ou*'이라는 말은, 루소의 작품에서 고독과 교류의 주제가 가지는 중요성을 생각한다면, 큰 차이를 드러내는 것이 아니다. 그 밖의 경우에도 이 구별은 직접 표현되어 있지는 않지만, 반드시 필요한 것으로 인식된다. 예를 들면 『에밀』에서 두 가지 대립하는 길을 묘사할 때, 루소는 그 두 가지를 동일시하면서, "그 자신을 위한 교육"과 "타인을 위한 교육"은 같은 것이라고 말한다(IV, 248). 여기서 "타인을 위한 교육"이라는 말은 대단히 모호하다. 왜냐하면 '타인'이라는 말은 같은 나라에 사는 사람일 수도 있고 인류 전체가 될수도 있기 때문이다. 이 점에 대해서는 『에밀』의 또 다른 부분에서 훨씬 명쾌하게 표현되어 있다. "다른 사람들과의 육체적인 관계와 도덕적인 관계 속에서 자신을 고찰해본 사람에게는 이제 동료 시민들과의 사회적인 관계 속에서 자신을 고찰하는 일이 남았다"(IV, 833). 동일한 인간의 삶에 대한 이와 같은 연속적인 세 가지 고찰은 또한 세 가지 다른 길, 세 가지 유형의 인간에 대응한다. 여기서 세 가지 유형의 인간이란 소집단 *corps*의 주민인 고립된 인간, 도시국가의 주민인 시민, 그리고 세계의 주민인 도덕적 인간을 말한다.

그런데 별로 주목받지 못하고 그냥 넘어갈 위험이 있는 이 제3의 길에 대해 특별히 관심을 가질 필요가 있다. 그것은 다른 두 가지 길 어느 것과도 완전히 대립하고 있지 않으면서, 그것들의 몇 가지 요소들을 통합하고 연결한다. 처음 두 가지 길은 모두 그 자체로서 나무랄 데 없지만, 인간을 불행으로 인도한다(왜냐하면 인간은 자신의 존재의 일부를 희생하지 않을 수 없기 때문이다). 오직 제3의 길만이 일상적인 위협에서 벗어나 있기 때문에 사람들을 행복하게 만들 수 있다. 행복하게 되는 것은 확실치 않으나 그 가능성은 있는 것이다.

지금까지 검토한 구별을 다음과 같은 도식으로 정리해보기로 하자.

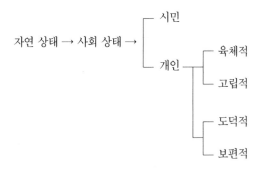

자연 상태 → 사회 상태 →
　시민
　개인
　　육체적
　　고립적
　　도덕적
　　보편적

루소는 이와 같이 구별되는 세 가지 길에 대해 충분히 설명하고 있다. 제1의 길은 특별히 정치적 저작의 대상이 되었으며,

『학문 예술론』에서 『폴란드 정부론』[15]까지 이에 대해 논의하고 있다. 제2의 길은 자전적인 저작인 『말제르브에게 보내는 편지 Lettres à Malesherbes』[16]부터 『고독한 산책자의 몽상 Rêveries du promeneur solitaire』까지에서 자세히 나타나고 있다. 제3의 길은 주로 『에밀』에서 설명되어 있다. 물론 이와 같은 분류는 대략적인 것에 불과하다.

　루소는 인간에게 주어지는 세 가지 길 각각을 옹호했다. 이것은 루소가 자가당착에 빠졌다는 것을 의미하는 것일까? 나는 그렇게 생각하지 않는다. 만약 모순이 있다면, 이미 앞에서 살펴본 것처럼, 그 모순은 인간의 조건 속에 있는 것이다. 하나의 모순을 관찰하고 기술하는 과정 속에는 어떤 것도 모순되는 것이 없다. 각각의 길들에 대해 논의하기 위해서 루소는 각각의 길에 어울리는 관점을 취했다. 모순이라는 인상을 피하기 위해서 루소는 일종의 '자유 간접 화법 style indirect libre'[17]을 사용

---

15) 『폴란드의 정부에 관한 고찰 Considérations sur le gouvernement de Pologne』을 말한다. 폴란드인의 자유 사랑에 마음이 움직였던 루소는 폴란드인들에게 이렇게 조언했다. "학생들이 '국가'의 자녀가 될 수 있도록 놀이, 국가 재정, 순수 폴란드 교사들로 구성된 교육 제도를 확립해야 한다. 단원제 의회에 진출하는 의원들이 철저히 지역 구민들에게 책임을 지는 법안을 제정해야 한다."

16) 출판국장인 크레티앵 드 라무아뇽 드 말제르브Chrétien de Lamoignon de Malesherbes에게 보낸 편지를 말한다.

17) 자유 간접 화법은 문학적인 문체로, 직접 화법의 요소(구두점, 감탄사)와

했다. 루소가 '나'라고 말할 때, 그는 시민이 되거나 고독한 인간이 되거나 혹은 도덕적 인간이 된다. 물론 이 세 경우는 전혀 같은 것이 아니다. 루소가 사람들을 속이고, 스스로 모순에 빠져 있다고 비난해서는 안 된다. 이런 여러 가지 형상에 대해 루소가 재능을 발휘했기 때문에, 우리가 각 위치의 논리를 이해할 수 있게 된 것이다. 그러므로 이 점에 대해서 감사해야 한다.

　이제부터 이러한 인간의 길들에 대해 루소가 어떻게 생각했는지를 알아보기로 하자.

간접 화법의 요소(대명사의 변화, 시제의 일치, 시간부사의 변화)가 섞여 있으며, 도입 동사와 종속절이 따로 없다. 자유 간접 화법은 어떤 인물이 말한 것, 또는 생각한 것을 전달하는 데 사용한다. 특히 문체상 등장인물의 내부로 들어가는 듯한 느낌과 효과를 갖는다.

제2장 시민

1. 시민 교육

루소의 정치적 저작에서는 시민의 생활이 아니라 도시국가 *cité*의 생활이 주요 대상이다. 그렇지만 우리는 도시국가에 대한 이상적 이미지로부터 그곳에 사는 인간의 주요 특징을 추론할 수 있다. 우리는 여기서 그 가운데 두 가지를 고려하고자 한다. 그것은 교육, 그리고 조국에 대한 사랑과 관련된 것이다.

루소는 교육을 두 종류, 즉 공공 교육[1]과 사적 교육(개별 교

---

1) 공공 교육이라는 말은 흔히 국가에 의해 설치·관리·통제되는 교육(특히 학교 교육)을 말한다. 그러나 이 말은 원래 국가와는 관계없는 말이다. 오늘날 영국의 'public school'과 유사한 성격을 지니고 있는 이 명칭은 부유한 귀족이나 부르주아 계급이 자기의 저택에 설립한 특권층의 자제를 위한 '저택 학교'에 대립하는 개념으로, 빈곤한 귀족이나 일반 서민 계층의 자제에게도 문호를 개방한 '공개 학교'를 의미한다. 즉 루소 시대에 '공공 교육'이라는 말은, 국가와 관계없이 어떤 공동체(종교 단체, 길드, 지역 공동체 등)에 의해 설립·유지되는, 대중적·공개적·집단적·생활 지도적·기술적인

육), 혹은 시민 교육과 가정 교육으로 나누는데, 그것은 각각 시민과 개인에 관계되는 것이다. 공공 교육에 대해서는 플라톤의 영향이 크다. 루소는 플라톤의 『국가 *Politeia*』를 "지금까지 씌어진 것 중에서 가장 훌륭한 교육론"(『에밀』, IV, 250)이라고 평가하고 있다.[2] 루소는 공공 교육을 국가의 대리자가 전적으로 담당하기를 원했다. 사실상 공공 교육의 결과는 개인들—아버지들이라고 루소는 말한다—보다도 국가에게 더 중요하다. 그러므로 교육의 실행을 교육의 수혜자가 조직하는 것은 당연한 일이다. 그것은 사려 깊은 정부가 해야 할 첫번째 임무 가운데 하나이다. "어린아이들 공부에 대한 소재와 순서와 형식은 법에 규정되어 있어야 한다"(『폴란드 정부론』, III, 966). 이러한 교육은 모든 사람이 동일하게 받아야 한다. "모든 사람들은 국가의 정체(政體)에 의해 평등하므로, 모두 함께, 그리고 같은 방식으로 교육을 받아야 한다"(같은 책, III, 967). 그리

성격과 기능을 가진 교육의 호칭으로 알려졌다.

2) 플라톤의 『국가』가 '공공 교육'을 통해 어떻게 유덕한 시민을 만들 수 있는 가의 문제를 주로 다루고 있다면, 루소의 『에밀』은 '사적 교육'을 통해 어떻게 유덕한 시민을 만들 수 있는가의 문제를 다루고 있다. '정치와 교육'에 대한 고대적 논의가 플라톤의 『국가』라면, 이것에 관한 근대적 논의는 루소의 『에밀』이라고 할 수 있다. 루소의 저서들에는 플라톤에 대한 언급이 많이 나온다. 아마도 성서와 플루타르코스 위인전 다음으로 많이 나올 것이다. 특히 공공 교육을 다룬 『폴란드 정부론』과 『달랑베르에게 보낸 편지』에서 플라톤의 『국가』가 끼친 영향이 현저히 드러난다.

고 공공 교육은 개인의 생활 전체를 총괄해야 한다. 거기에는 개인적인 여가로 간주하는 것까지 포함된다. "어린아이들이 개별적으로 제멋대로 놀게 해서는 안 된다. 모두 함께, 그리고 사람들 앞에서 놀게 해야 한다"(같은 책, III, 968).

공공 교육은 외부로 드러나는 행동이나 행위와만 관계되는 것이 아니다. 그것은 개인의 마음속까지 파고들어야 한다. 왜냐하면 어떤 것도 국가의 이익에서 벗어나서는 안 되기 때문이다. "있는 그대로의 인간을 쓸 줄 아는 것이 훌륭하다면 인간을 필요한 형태로 만드는 것은 더 훌륭한 일이다. 가장 절대적인 권위는 인간 내면까지 스며들어서, 행동뿐만 아니라 의지 *volonté*에 대해서도 영향을 미친다"(「정치경제론」, III, 251). 따라서 이러한 교육이 잘 이루어지기 위해서는 학생들이 "사회가 원하는 것만을 원하는"(같은 책, III, 261) 법을 배워야 한다.

이러한 목적을 달성하기 위해서 다른 어느 것보다 효과적인 수단이 하나 있다. 그것은 국가가 시민의 행동이나 사고에 대한 정보를 갖는 것이다. 그러므로 시민들이 감시나 통제의 시선에서 벗어날 수 없게 하는 것이 매우 중요하다. 이것보다 더 합리적인 것은 없다. 앞에서 살펴본 것처럼, 자연 상태의 인간은 타인에게 시선을 주지 않는다는 것이다. 사회 상태는 반대로 각자가 타인을 바라보고 타인이 자기를 바라본다는 것을 아는 순간부터 시작된다. 이상적인 도시국가는 ─사회 상태로의 이행과 함께 중도에서 멈추었던 과정을 끝까지 밀어붙였기 때문에 이상적인 국가라고 말할 수 있다―지속적으로 만인이 만인을 감시한다. 그것이야말로 국가의 이익을 보장하는 가장 확실한 수단이다. "모든 시민이 공중의 눈앞에 있다고 끊임없이 느끼도록 해야 한다"(『폴란드 정부론』, Ⅲ, 1019). 작은 국가라면 그것은 아주 간단하다. 작은 국가의 이점은 부락 안에서처럼 "모든 시민이 서로 알고, 서로를 바라보는"(같은 책, Ⅲ, 970) 데 있다. 그러나 익명성은 위험하다. "나는 상당한 지위에 있는 사람이 이름을 드러내지 않고 돌아다니는 것이 허용되어서는 안 된다고 생각한다"(같은 책, Ⅲ, 1007).

집단 교육과 그에 따른 통제로 인간이 주변 세계와 갖는 여러 가지 관계들의 성격이 균질화된다. 그리고 그 결과 공공 생활의 문제가 대단히 단순해진다. 자연 상태의 인간은 단 한 가지 유형의 관계, 즉 사물들과의 관계밖에 모른다. 사물들은 인간에 대해 언제나 복종하며, 인간은 영양분을 섭취하거나 자신을 지키기 위해서 사물들을 이용한다. 사회 상태에서는 새로운 유형의 관계가 도입된다. 그것은 인간들과의 관계인데, 이때 사물들과의 관계도 여전히 유지된다. 그리고 이러한 두 관계 때문에 상황이 복잡하게 뒤얽히게 된다. 그러나 이상적인 도시국가에서는 그것들을 일원화하는 것이 전처럼 가능하게 된다. "국가의 법이 자연의 법처럼 어떤 인간의 힘으로도 이겨낼 수 있는 준엄성을 가지고 있다면, 인간에 대한 의존은 전과 같이 사물에 대한 의존으로 변화할 것이다"(『에밀』, Ⅳ, 311). 만약 개인의 의지가 일반 의지 *volonté générale*[3] ─즉 실제에 있어서 엄정한 법─에 전적으로 따른다면, 모든 관계는 다시 일원화될 것이다. 각각의 인간에게 있어서 다른 인간들은 더 이상 사물과 구별되지 않을 것이다. 그리하여 인간은 자신을 제외하고 다른 주체를 인정하지 않아도 되며, 마찬가지로 그는 타인에게도 주체로 인정되지 않을 것이다. 개인에게 있어 인간과 사물은 같은 자격, 즉 도구와 대상의 자격밖에는 가지지 못할 것이다. 독립적 의지를 가진 개인적 주체 *sujet individuel*라는 개념은 도시국가의 관점에서는 의미가 없다(비록 루소가 생각하는 바와 같은 도시국가가 개인적 주체와 유사하다 하더라도 말이다). 이와 같이 "그런 국가〔공화정〕에서는 자연 상태의 모든 이점과 사회 상태

---

3) 일반 의지는 루소 철학의 핵심 개념이다. 일반 의지는 공동체를 지도하는 최고의 원리이다. 이 최고 원리는 개인의 자유 의지 안에 존재한다. 루소에 따르면 모든 인간은 자신의 사적 이익을 달성하려는 사적 의지를 지니고 있으며, 사적 이익 가운데 공동의 이익을 추구하려는 의지인 일반 의지를 지니고 있다. 일반 의지는 개인이 가진 사적 의지의 일부분이기 때문에 일반 의지를 따른다는 것은 자기의 자유 의지를 따르는 것이 된다. 일반 의지는 자기 입법의 원리이다. 일반 의지 속에서 한 개인의 자유와 공동체 전체의 자유가 일치하며, 일반 의지에 의해 개인의 자유는 절대화된다. 일반 의지에 따라 행동할 때 나도 자유로울 뿐만 아니라 남도 똑같이 자유롭고, 또한 나와 남 사이에 평등한 관계가 성립된다. 일반 의지는 항상 옳지만, 한 개인이 계몽이 안 되었을 경우 사리사욕을 추구하는 충동에 억눌릴 수 있다. 그러므로 일반 의지가 자연스럽게 발현되기 위해서는 자유 의지와 이성의 계몽이 결합될 필요가 있다(김용민, 『루소의 정치철학』, 인간사랑, 2005, p. 129 참조).

의 모든 이점을 하나로 결합하게 될 것이다"(『에밀』, IV, 311).

시민 교육을 완벽하게 이행하면 이번에는 다른 행위를 정당화할 수 있게 될 것이다. 국가는 국가의 의지를 위반하는 사람들을 처벌할 수 있을 것이다. 시민 교육은 모든 사람에게 의무적이기 때문에 어느 누구도 이 교육을 모른다고 변명할 수 없다. 이상적 도시국가에서는 최종 시험으로 '엄숙한 선서*serment solennel*'를 하며, 선서에서 모든 시민은 도시국가의 이상들에 대한 존중을 약속한다(『코르시카 헌법 초안』, III, 943). 아직 선서를 하지 않은 사람이나 이러한 원칙들을 위반하는 사람들은 추방되어야 마땅하다. "통치자는 그 누구에게도 이 신조를 믿도록 강요할 수 없다. 그러나 이 신조를 믿지 않는 자를 국가에서 추방할 수는 있다"(『사회계약론』, III, 468). 만약 이미 서약을 하고 약속을 지키지 않는 경우에는 엄중히 처벌할 수 있다. "누군가가 이 교리를 따를 것을 선언한 다음 마치 이를 믿지 않는 것처럼 행동한다면 그는 죽음의 벌을 받아야 할 것이다"(같은 책, III, 468).

공공 교육에 대한 루소의 생각은 그것이 초래할 결과와 함께 오늘날 우리가 민주적이라고 부르는 유형의 국가에서는 적용될 수 없다. 민주 국가에서 부모들은 공공 학교에 아이들을 보내는 데 동의하며, 그곳에서 이루어지는 교육이 '공화제적 미덕 *vertu républicaine*'을 지향하는 데 대해 이의를 제기하지 않는다. 그러나 부모들은 공공 교육을 보충하는 가정 교육의 권리가 보호되기를 원하며, 가정 교육에서 부모들은 최고의 결정권을 가진다. 예를 들어 놀이는 가정 교육에 속하는 것이지 공공 교육에 속하는 것이 아니다. 양적으로 전체화*totalisation*의 위험에서 벗어난 교육은, 질적으로도 전체화를 면해야 한다. 법은 행동은 처벌해도 사상은 처벌하지 않는다. 학교는 정치적 · 종교적 신념을 자유롭게 내버려두며, 모든 사람들의 의지를 바꾸거나 통일시키려 하지 않는다. 민주 국가의 주민은 삶의 일부가 익명으로 진행되는 대도시의 익명성을 향유할 수 있기를 바란다. 그는 반대파를 지지하거나 혹은 의사 표현의 자유에 호감을 표시할 수도 있다. 다른 나라에서는 그러한 자유가 주어지지 않아, 그렇게 행동할 경우 추방이나 감금 혹은 사형에 처해진다. 루소가 이와 같이 묘사한 공공 교육과 그 결과에 대해, 현대 민주주의자들이 가한 모든 비난은 결국 단 하나의 원칙에 귀착된다. 그것은 개인의 자유*liberté individuelle*라고 하는 원칙이다. 이 원칙은 공동체와 공동체의 기관들이 행하는 통제에서 개인적 삶의 어떤 부분을 벗어나게 하는 권리로 인식될 수 있다. 시민 교육은 시민 교육을 조직하는 집단에게 혜택을 준다. 그러니까 그것은 거의 동어반복과 같은 것이다. 시민 교육은 개인의 이익에 관심을 가지지 않으며, 오히려 그것에 대해 곧잘 반대한다. 시민 교육은 분명히 개인적 편차나 개인적인 행동을 배려하지 않는다. 그것은 전체주의적 교육뿐만 아니라 어떤 공공 교육에서도 그렇다. 집단은 그 구성원의 이익이 아니라 집단의 이익을 옹호한다. 그러므로 민주 국가의 구성원은, 국가가 침범할 수 없는 경계를 제시하고 보장하기를 요구하며, 한 발 더 나아가 개인들이 모든 것을 결정할 수 있기를 요구한다.

따라서 민주 국가의 주민은 루소가 말한 시민 교육의 원리에 대해 찬성하지 않는다. 그렇다고 해서 루소와 대립한다고 할 수 있을까? 바꿔 말하면 루소 자신이 '시민'의 입장을 받아들이고 있다고 할 수 있을까? 이 물음은 나름대로 중요성을 가지고 있다. 그것은 루소가 개인적인 인간으로서 이러한 이상(理想)에 대해 어떻게 생각했느냐 하는 것이 문제가 아니라, 사상 표현에 대해 어떤 위상을 부여했느냐가 문제이기 때문이다. 그런데 그에 대한 루소의 대답은 분명하다. "공공 제도는 더 이상 존재하지 않으며, 존재할 수도 없다. 더 이상 조국이 없는 곳에는 시민 또한 있을 수 없기 때문이다. 조국과 시민이라는 그 두 단어는 현대에서 없어져야 한다"(『에밀』, IV, 250). 옛날의 스파르타와 오늘날의 프랑스를 구분하는 결정적인 사건이 발생했다. 인간들이 의지를 갖춘 개인과 주체로서, 공동체라는 훨씬 광범위한 단위의 일부가 아니라 완전히 독립적인 하나의 단위로서 생각하기 시작했다. 이 사건은 다시 쓸 수 없으며, 되돌리는 것도 불가능하다. 루소가 폴란드인에게 이 교육을 제도화하도록 권한 것은, 폴란드를 유럽의 역사에서 비켜나 있는 나라로, 즉 스파르타와 유사한 나라로 생각했기 때문이다. 따라서 근대 국가가 엄격한 시민 교육을 추진하려고 하면, 시민들의 '주체적'인 사고방식과 필연적으로 충돌하게 될 것이며 오직 힘으로만 그것을 강요할 수 있을 것이다. 그렇게 되면, 양쪽 다 피해를 입게 될 것이다.

개인의 자유와 (주체의) 자유로운 결정을 옹호하는 루소는, 동시대인들에게 이와 같은 시민 교육을 장려할 수 없었다. 그 점에 대해 그는 오히려 '만약······이라면, 그때는'이라는 형식을 취해 설명하고 있다. 만약 누군가가 시민의 관점에 서기를 원한다면, 다음과 같은 일이 일어난다고 가정하는 것이다. 그때 이 길을 취하는 사람들은 자신들의 행위가 가져다주는 결과를 통해 자신들을 알게 된다는 것이다.

2. 애국심과 세계시민주의

루소는 시민을 정의하기 위해서 '조국*patrie*'이라는 개념을 이용한다. 반대로 '인간*homme*'이란 나머지 인류를 희생시키면서까지 자기 국민을 우선시하길 원하지 않는 사람을 말한다. 선택은 다음과 같이 설명된다. "조국애와 인류애란 이를테면 그 에너지에 있어 양립할 수 없는 두 가지 미덕이다. 그것은 특히 어떤 국민 전체에 더욱 그러하다"(『산에서 쓴 편지들』, III, 706). 시민 교육의 주요한 기능은 조국애를 불어넣는 것이다.

"어린아이는 태어나는 순간부터 조국을 쳐다보아야 하며 죽을 때까지 조국만을 쳐다보아야 한다."

시민은 애국자이거나 그렇지 않으면 아무것도 아니다. "조국에 대한 이와 같은 사랑은 그의 존재를 나타낸다. 그는 오직 조국만을 바라보며, 조국을 위해서만 산다. 그가 홀로 있을 때 그는 아무것도 아니다. 조국이 없어지면 그는 더 이상 존재하지 않는 것과 마찬가지이며, 죽지 않는다 하더라도 그는 죽음보다 더 못한 상태에 있게 된다"(『폴란드 정부론』, Ⅲ, 966). 이와 같은 이유로 해서 국가는 청소년을 위한 시민 교육과 아울러 국가 제도나 전통적 관례, 풍습, 의식, 놀이, 축제, 구경거리를 발전시키지 않으면 안 된다. 이러한 많은 형태의 사회생활은 그 나라만의 고유한 것이며 다른 어떤 나라에도 없는 것이기 때문에, 시민이 조국에 애착을 가지도록 하는 데 기여할 것이다. 이와 같이 형성된 시민은 자신을 인간으로서가 아니라 우선 폴란드인, 프랑스인 혹은 러시아인으로 느끼게 할 것이다. 그리고 조국애는 시민의 '지배적 정념passion dominante'(같은 책, Ⅲ, 964)이 되므로, 시민의 모든 가치는 국가적 가치에서 파생되어야 한다. "한마디로 형편없는 속담을 뒤집어 말해서, 모든 폴란드인이 마음속으로부터 '조국이 있는 곳에 사람은 행복하도다Ubi patria, ibi bene'라고 말하게 해야 한다"(같은 책, Ⅲ, 963)는 것이다.

조국이 가지고 있는 고유한 모든 것에 대한 사랑과 정반대되는 감정은, 조국에 속하지 않는 것에 대한 특히 외국인에 대한 어떤 경멸이다. 고대의 이상적인 도시국가의 예를 들어보자. 스파르타인은 자기 나라에서는 평등이 유지되도록 했다. 그러나 국경을 넘어서면서부터는 편파적으로 변한다. 마찬가지로 "로마인의 인간미도 그들의 통치 범위를 넘어서까지 확대되지는 않았다." 그리고 폭력도 외국인에게 행사될 때에는 금지되지 않았다(『사회계약론』 초고, III, 287). 자기 나라에서는 민주주의인 사람도 외국에서는 노예 제도를 지지하거나 식민주의를 옹호하는 경우가 있다. 이것이 조국애의 논리이다. "어떤 애국자든 외국인에게는 냉혹하다. 외국인은 그저 인간일 뿐, 애국자의 눈에는 가치 없는 존재이다. 그런 결점은 불가피하지만 대단한 것도 아니다. 중요한 것은 함께 사는 사람들을 선량하게 대하는 것이다"(『에밀』, IV, 248~49). 그러므로 현대 폴란드인이 고대 시민의 예를 따르려고 한다면, "외국과 뒤섞이는 것에 대해 자연스럽게 혐오의 감정"(『폴란드 정부론』, III, 962)을 가져야 할 것이다.

국가 *État*와 국가 사이에도 동일한 불신감이 존재한다. 그래서 각 나라는 자급자족 체제*autarcie*를 이상으로 삼는다. "가장 행복한 국가란 다른 나라 없이도 수월하게 지낼 수 있는 나라이다"(「정치 단상」, III, 512). 그 때문에 루소는 코르시카인과 폴란드인에게 남에게 일절 의존하지 말고, 다른 사람에게 의지하지 않더라도 그들의 자유를 지킬 수 있도록 하라고 권유한다.

다시 한 번 말하지만, 루소의 추론에는 아무런 모순이 없다.

오히려 자명하다고까지 할 수 있다. 조국을 수호하고 찬양하는 것은 다른 나라보다도 그리고 인류보다도 자기 나라를 사랑한다는 것을 의미한다. 그것이 바로 시민의 논리이며 윤리이다. 그렇기 때문에 카토는 소크라테스보다 더 훌륭한 시민인 것이다. 그러나 그것이 루소의 견해였을까? 달리 표현해보자면, 루소는 조국애를 지지했을까, 아니면 세계시민주의를 지지했을까?

루소의 저작에는 세계시민주의*cosmopolitisme*에 대한 언급이 여러 번 나온다. 때때로 이 문제에 대해 그의 태도가 변했다고 여겨지는 경우도 있다. 하지만 실제로는 그런 적이 전혀 없었다. 루소는 『인간 불평등 기원론』에서 처음으로 세계시민주의에 대한 자신의 생각을 말했다. 그것은 국경을 초월하여 "인류 전체를 박애를 통해 끌어안으려는" "몇몇 위대한 세계시민적인 인간의 영혼들"(『인간 불평등 기원론』, III, 178)에게 찬사를 보내기 위해서였다. 그 후에는 '세계시민*cosmoplite*'이라는 말이 같은 뜻으로 사용되지 않았다. 하지만 루소는 같은 원칙을 계속 유지하고 있었다. 즉 미덕이나 정의는 인류애*humanité* 쪽에 있다는 것이다(앞서 언급한 바에 따르면 인류애적인 미덕과 공평함이라고 말하는 편이 더 정확할 것이다). 루소가 굳게 믿고 지키고 있는 이러한 생각의 결과에 대해서는, 인간에게 주어진 '제3의 길'을 살펴볼 때 다시 자세히 검토할 것이다.

그런데 루소의 저작에는 세계시민주의를 경시하는 것처럼 보이는 문장들이 있기도 하다. 다시 한 번 그 문장들을 읽어보기로 하자. 실제로 그는 "자칭 세계시민주의자들은 인류에 대한 사랑으로 조국에 대한 사랑을 정당화하며, 모든 사람을 사랑하고 있다고 자랑하면서 아무도 사랑하지 않을 권리를 가지려 한다"(『사회계약론』 초고, III, 287)고 비난하고 있다. 여기서 루소가 비난하는 것은 '자칭' 세계시민주의자이지 '진정한' 세계시민주의자가 아니다. 사실 루소는 '철학자들'—지식인이라고도 말할 수 있을 것이다—의 말과 행동이 일치하지 않음을 공격하고 있는 것이다. 루소가 보기에 철학자들은 보편적인 선언 뒤에 자신들의 이기주의를 숨기고 있다. 루소는 후일 동일한 비난을 되풀이한다. 하지만 이때에는 '세계시민주의자'라는 말을 다음과 같은 인간에 대한 사랑을 나타낼 때에만 쓰고 있다. "자기 나라 안에서는 의무를 이행하지 않으면서, 책 속에서 먼 나라들의 의무에 대해 논하는 그런 세계시민주의자들을 경계하라.[4] 그런 철학자들은 타타르족[5]을 좋아할 텐데, 그것은 이웃을 사랑하는 의무에서 벗어나기 위해서일 것이다"(『에밀』, IV, 249). 실제로 사람들이 가르치는 미덕을 스스로 실천하기보다는 직접 관련이 없는 고상한 입장을 지지하는 것이 훨씬 쉽다. 멀리 떨어져 있는 사람에 대한 사랑은 가까이 있는 사람에 대한

---

4) 루소는 아무도 사랑하지 않으면서 마치 모두를 사랑하는 척하는 세계주의자들을 비난하였다.

5) 동몽골 고원에서 유목하던 몽골계의 한 부족으로, 주로 내몽골의 후룬베이얼 지방에 있었다. 결국 칭기스 칸에 의해 정복되었다.

사랑보다 비용이 적게 들기 때문이다.

사실 루소는 보편주의적 원칙에 대한 애정을 한 번도 부인한 적이 없다. 반대로 그는 두 가지 관점, 즉 시민과 개인의 관점을 차례로 취했다(우리는 다시 한 번 이 두 가지 역할에 대해 존경을 표할 수 있을 것이다). 루소는 보편주의적 원칙의 여러 가지 특징을 기술하였다. 그는 외국인에 대한 경멸에 대해서 "이러한 문제는 피할 수 없지만, 미미한 것이다"라고 말했다. 그러나 이 말을 한 것은 루소가 아니라 시민이다. 그리고 보편주의 *universalisme*를 "건전한 생각"(『사회계약론』 초고, III, 287)으로 평가했는데, 이 말을 한 것은 개인이다. 거기에는 어떠한 모순도 없다.

그러나 루소는 (보편주의적 원칙에 대한 애정에 멈추지 않고) 좀더 멀리 나아간다. 그는 자유 의지로 선택할 수 있는 두 가지 동일한 가치 체계를 제시하는 데 만족하지 않고, 그 둘 사이의 내부적 위계에 대해서 질문을 던졌다. 그리고 인간을 시민 위에 두어야 한다는 결론을 끌어냈다. "우선 [인간에게 합당한] 종교*culte*와 도덕을 찾아냅시다. 그것은 모든 인간의 것이 될 것입니다. 그리고 또 국가적인 차원의 여러 형식들이 필요할 때, 그러한 것의 원리나 관계, 적합성 등을 검토합시다. 그리고 인간에게 속하는 것이 무엇인지를 말하고 난 후에, 시민에게 속하는 것이 무엇인지 말하기로 합시다"(『보몽에게 보내는 편지』, IV, 969). 인간은 시민에 우선한다. 바로 그것이 이성의 순서이다. 하지만 그것이 실제 세계에서 인간과 시민의 순서가 바뀌는 것을 방해하지는 않는다. "우리는 시민이 된 뒤에 비로소 인간이 되기 시작한다"(『사회계약론』 초고, III, 287). 우리는 어떤 특정한 나라에서 태어난다. 우리가 인간이 되는 것은, 즉 세계의 시민이 되는 것은 의지를 가지고 노력해야만 가능하다. 루소는 자전적인 저작에서 자신의 생각을 더욱 발전시킨다. "일반적으로 당파심이 강한 모든 사람—그것만으로도 진리의 적이다—은 언제나 장 자크를 증오할 것이다. 〔……〕이러한 집합체에서 정의에 대한 사심 없는 사랑이란 결코 존재하지 않는다. 자연은 이러한 사랑을 단지 개개인의 마음에 새기기 때문이다"(『대화』, I, 965).

그렇다면 조국애에 내재하는 결점이란 무엇인가? 시민은 인류의 일부에 지나지 않는 것을 편애함으로써 근본적 원리인 평등의 원리를 위반한다는 것이다. 즉 공공연하게 표명하는 것은 아니지만, 인간은 평등하지 않다는 것을 인정한다는 것이다. 본래 스파르타인은 평등의 의미를 도시의 내부에서조차 제한했다. 스파르타에서 노예나 여성의 평등은 제외되었다. 그리고 '현대의 스파르타'라 할 수 있는 폴란드에서도 여자같이 만드는 모든 것은 금지되었다. 그런데 진정한 도덕, 진정한 정의, 진정한 미덕은 전체의 평등을 전제로 하는 것이다.

시민의 길, 시민 정신은 따라서 두 가지 대립에 따라 정의된다. 한편으로 그것은 개인의 이익을 배려하지 않으며, 자유의 원칙을 위태롭게 한다. 다른 한편으로 그것은 인류애에서 멀어지게 하고, 평등의 원칙을 무효로 만든다. 그렇지만 루소는 시민의 길 자체를 비난하지는 않는다. 오히려 몇 가지 제약을 붙여서, 시민의 길을 장려한다. 예를 들어, 그는 조국의 가치를 소중히 여긴다면, 조국을 수호할 각오가 되어 있어야 한다고 본다. 비록 그 일이 죽음을 의미한다 하더라도 말이다. 그리고 공동의 이익bien commun을 배려하기 위해서 각자의 이기적인 욕망에 제동을 걸어야 한다고 본다. 여기서 우리는 지금까지의 논의를 바탕으로 루소가 주는 교훈을 다음과 같은 명제로 정리할 수 있다. 즉 공동체 생활에 도움을 주는 모든 행위는 개인의 자유를 침해하므로, 잠재적으로 개인의 이익을 침해한다. 그리고 그것은 평등의 원리를 무시하므로, 인류에게도 피해를 준다. 그러므로 이 길을 선택하게 될 경우, 그 선택이 초래하는 희생을 받아들여야 한다. 루소는 이 두 가지 선택 사이에 순서가 있음을 알아차렸지만, 우리에게 그것을 과중하게 강요하지는 않았다. 그러나 그것에 대한 자신의 판단을 감추지 않았다. 그의 판단은 다음과 같다. 인간의 평등을 인정하지 않는 것은 원시적인— 그리스도교 이전의— 야만의 상태로 되돌아가는 것이다. 인간의 자유를 보호하지 않는 것은 오늘의 우리가 원시 시대처럼 살고 있지 않다는 사실을 받아들이지 않는 것이며, 용인될 수 없는 불관용intolérance을 실행하겠다는 것이다.

제3장 고독한 개인

1. 고독

시민은 집단과 일체가 되지 않으면 안 된다. 그리고 개인은 고독한 생활을 하지 않으면 안 된다. 이것이 루소가 생각한 이상(理想)의 첫번째 양상〔버전〕이다.

고독은 루소의 작품에서 여러 가지 모습으로 나타난다. 우선 고독에는 후회가 따라다닌다. 그는 혼자이다. 다른 사람들과 함께 있기를 원했음에도 불구하고 말이다. "나는 우정을 위해 태어났고"(『고백록 Les Confessions』, I, 362), "인간들 가운데 가장 사교적이고 가장 친절한 사람"(『고독한 산책자의 몽상』, I, 995)[1]이었다. 그렇기 때문에 그는 혼자가 되면 그것만으로 불

---

1) 『고독한 산책자의 몽상 Les Rêveries du promeneur solitaire』(1776~1778; 이하 『몽상』으로 약칭함.)은 루소가 죽기 2년 전부터 쓰기 시작한 미완성 작품이다. 그가 쓴 문장 중에서도 백미로 꼽히는 이 책의 첫 페이지들은 불안이 완전히 가신 인생의 고난을 묘사하고 있다. 과거의 모든 일을 회상하는

행해지는 것이다. 그것은 "정말로 큰 불행"(『고백록』, I, 362)이다. 그는 "고독의 공포"(『대화』, I, 976)를 두려워한다. 그것은 그에게 "끔찍한"(같은 책, I, 713) 것이다. 따라서 그는 사회에 다시 속하고자 하는 희망을 키우고 있는 것처럼 보인다. "우리는 오래전에 그가 잃어버렸고, 이 세상에서 다시 찾아낼 희망도 없는, 진실한 사회의 감미로움을 노년의 그에게 돌려줄 수 있을 것이다"(같은 책, I, 950). 이러한 고독의 원인은 그에게 있는 것이 아니다. 고독은 타인들의 적대적인 태도 때문이거나 타인들이 그의 사랑을 받을 자격이 없기 때문에 생긴다. "나는 이제껏 존재한 적이 없는 가장 좋은 친구가 되기 위해 만들어졌다. 그러나 그런 나에게 대답해주어야 할 사람은 아직 오지 않았다"(「나의 초상화」, I, 1124). "그것은 나의 잘못이라기보다 그들의 잘못이다"(『고백록』, I, 188). "그는 인간들 사이에서 그가 사랑하지 않으면 안 될 것을 찾았으나, 그것이 허사로 돌아간 후에야 인간들을 멀리했다"(『대화』, I, 824).

하지만 거기에서 멈춘 것은 아니다. 루소는 고독의 공포와 고독과의 단절 거부를 결합했다. 그것은 그가 진실한 의사소통과 피상적인 의사소통을 구별하기 때문이다. 후자는 반대로 고

이 문장은 마치 책의 마지막 페이지처럼 제시되어 있다. "이제 나는 이 세상에 혼자이다. 형제도 이웃도 친구도 사회도 모두 떠나고 나 혼자이다. 가장 사교적이고 친절한 사람이 다른 사람들의 만장일치 속에서 추방된 것이다"(I, 995).

독을 치유하지 못한다. 따라서 타인들과 함께 있으면서도 여전히 더욱 강하게 고통을 겪게 된다. 예를 들어 생프뢰Saint-Preux[2]는 파리 도착을 다음과 같이 적고 있다. "나는 마음속에 사람들이 알지 못하는 공포를 품고서 세상이라는 이 광대한 사막에 들어왔다. 이러한 혼돈은 나에게 암울한 침묵이 지배하는 끔찍한 고독만을 선사했다. 예전에 어떤 사람은 '혼자 있을 때만큼 고독한 적은 없다'고 말했다. 하지만 나는 군중 속에 있을 때만 고독하다"(『신 엘로이즈』, II, 231). 고독은 늘 비참한 것이다. 그러나 고독의 최악의 형태는 군중 한가운데서 느끼는 것이다. 세계는 사막이고, 사람들의 웅성거리는 소리는 숨 막히는 침묵이다. 그 반대의 경우도 있다. 키케로[3]가 말한 것처럼, 표면적이면서 순수하게 물리적인 고독은 실제로는 진심이 담긴 의사소통이다.

---

2) 『신 엘로이즈*Julie ou La Nouvelle Héloïse*』는 1732년부터 시작하여 약 12년에 걸친 사건들을 묘사한 것이다. 루소는 이 소설에서 자기 나이와 똑같은 인물 생프뢰를 만들어, 그에게 자기 자신과 똑같은 감수성, 취약성, 그리고 방랑자 기질을 부여했다. 생프뢰가 그토록 방랑 기질을 갖고 있기 때문에 쥘리의 아버지는 그를 딸의 배우자로 마뜩찮게 생각했다. 또 쥘리보다 사회 신분이 낮다는 것도 탐탁지 않게 여겼다. 루소는 이 생프뢰라는 인물을 통해 사회적으로 배척받는 낭만적이면서도 불행한 주인공을 그려냈다.

3) Marcus Tullius Cicero, 기원전 106~기원전 43. 로마의 정치가·학자·작가. 집정관이 되어 카틸리나의 음모를 폭로하고 '국부(國父)'라는 칭호를 얻었다. 그의 문체는 라틴어의 모범으로 일컬어진다. 저서에 『국가론』『법률론』『의무론』『우정론』 등이 있다.

루소는 두 가지 태도 내부에 존재하는 두 가지 차원을 이렇게 구분함으로써 사회에 대한 향수와 사회에 대한 비난을 양립시킬 수 있었다. 이 비난에는 우리 귀에 익숙한 어떤 것이 들어 있다. 적절한 고독에 적대적인 사회는 '사회 상태'를 특징짓는 모든 악덕을 다시 회복한다. 그 사회는 진실한 본질être을 희생시키면서 거짓된 외관paraître에 더 높은 가치를 부여하고, 개인의 평가보다는 여론을, 소박함보다는 허영심을 더 높이 산다. 사회 제도는 인간을 타락시킨다. 내면은 외면보다 더 바람직한 것이기 때문에 고독한 인간은 사회적 인간보다 우월하다고 할 수 있다.

공동생활에는 떼려야 뗄 수 없는 하나의 결점이 있다. 각자가 상호 의존 관계에 있기 때문에 자유를 축소시킨다는 것이다. 그런데 자유는 개인의 이상이다. 어떻든 적어도 루소는 자신을 이렇게 상상하고 있다. "사람들과 교류할 때 늘 주체할 수 없을 정도로 혐오감을 느끼는 이유는 어떤 것도 꺾을 수 없는 불굴의 자유의 정신 때문일 것입니다"(『말제르브에게 보내는 편지』, I, 1132). 하지만 여기서 오해가 없도록 하기 위해서 허울뿐인 자유와 진정한 자유를 구별해야 한다. 스스로 자유롭다고 생각하는 사람은 대개 사람들의 노예이다. 왜냐하면 그는 사람들의 의견에 의존하고 있기 때문이다. 반대로 죄수는 자유롭다. 혼자 있기 때문이다. "수없이 생각한 일이지만, 단지 거기 있어야 한다는 것뿐 다른 의무가 전혀 없다면, 나는 바스티유 감옥에서 지낸다 한들 그다지 불행하지 않았을 것입니다"(같은 책, I, 1132). 루소는 스스로 "어떤 굴종이건 끔찍하게 싫어한다"는 것을 느꼈다. 그리고 루소는 어중간한 것을 질색한다. "만약 사정이 있어 여론에 복종하기 시작한다면, 오래지 않아 또다시 만사에 복종하게 되기"(『고백록』, I, 115) 때문이다. 따라서 철저하게 고독 속에 파묻히는 편이 더 낫다고 여겼다. 의존 관계에 대한 두려움, 바로 이것이 루소가 자신의 아이들을 버린 이유 가운데 하나가 아닐까? 공동생활의 해로움은 생리적인 차원에서도 나타난다. "사람이 내쉬는 숨은 다른 사람에게 치명적이다. 그것은 비유적인 의미와 본래의 의미 중 어느 모로 보나 사실이다. 도시는 인류 파멸의 구렁텅이다"(『에밀』, IV, 277).

사회는 악이요, 고독은 선이다. 그리고 고독한 인간은 타인을 필요로 하지 않는다. 자기 충족적인 존재이기 때문이다. 에픽테토스Epiktētos[4]는 진짜 재산은 우리 자신 속에 있는 재산이라고 말하지 않았던가? 몽테뉴Montaigne[5]는 타인에게서 빌리는 것을

---

4) 로마의 스토아 철학자(55?~135?). 철학자 추방령으로 그리스로 가서 학교를 창설하였다. 제자들이 필사한 어록과 제요(提要)가 남아 있다.

5) 몽테뉴(Montaigne, Michel Eyquem de, 1533~1592: 프랑스의 사상가)는 『수상록Essais』에서 다음과 같이 말하고 있다. "우리는 남의 의견이나 지식을 모은다. 그리고 그것으로 끝이다. 하지만 그것을 우리 자신의 것으로 만들지 않으면 안 된다. 우리는 불이 필요해서 이웃집으로 불을 얻으러 갔다가, 이웃집에서 불이 활활 타고 있는 것을 보고는 눌러앉아 몸을 녹이면서, 제 집으로 불을 가지고 돌아가는 것을 잊어버리는 사람과 비슷하다"(제1권 제25장).

그만두고 자기 자신 속에서 끌어내라고 하지 않았던가? "자기 자신을 향유할 줄 아는"(『신 엘로이즈』, II, 482) 인간은 아무리 칭찬해도 지나치지 않다. 루소가 여기서 표방하는 스토아학파의 전통을 통해서, 우리는 루소가 '자연 상태'라고 묘사하고 있는 이 상(理想)을 다시 만나게 된다. 왜냐하면 그것은 바로 인간의 자기 충족성으로 규정되었기 때문이다. 그러므로 루소는 고독한 개인을 '자연인 *homme naturel*'으로 부를 수 있었던 것이다.

디드로Denis Diderot는 『사생아 *Le Fils naturel*』의 서문에서 다음과 같이 적고 있다. "악인은 오로지 혼자 사는 인간뿐이다."[6] 루소는 그것을 자신의 일로 받아들이고, 깊이 상처를 받았다. 루소는 여러 차례에 걸쳐 반론을 제기하였다. "악인이 되기 위해서는 희생자들이 있어야 한다. 즉 고독 속에서가 아니라 사회 속에서 살아야 한다. 만약 내가 혼자라면 설령 그러기를 바란다 하더라도 타인에게 해를 끼칠 수 없다. 바로 그렇기 때문에 고독한 인간은 선량하다."[7] 그러나 루소는 이러한 논법

---

6) 루소는 1756년에 천박한 파리 생활을 맹렬히 비난하면서 파리 교외의 몽모랑시Montmorency에 있는 별장 레르미타주L'Ermitage에 들어가 전원생활을 한다. 디드로는 1757년에 발표한 희곡 『사생아』의 작중 인물의 입을 통해서 루소의 비난에 응수한다. "나는 당신의 마음에 호소한다. 당신의 마음에 물어보라. 그러면 당신의 마음이 선한 인간은 사회 안에 존재하고 악인은 오로지 혼자 사는 인간이라고 당신에게 대답할 것이다."

7) 『에밀』(IV, 341), 『고백록』(I, 455) 그리고 『대화』(I, 824)를 참조하라. 루소는 『에밀』에서 다음과 같이 말하고 있다. "결코 타인에게 해를 끼쳐서는

이 약간은 기계적이라고 느껴 다시 논의한다. 혼자 사는 사람들이 선량한 것은 단지 해를 끼치는 것이 불가능하기 때문이 아니라, 타인과의 접촉을 열망하고 나아가 "본래 인간적이고 사람 좋아하고 상냥하기"(『대화』, I, 789) 때문이라는 것이다. 따라서 고독은 인간관계에서 생긴 것이 아니기 때문에 "사회적인 인간"(같은 책, I, 790)은 군중과 안이한 접촉을 피해 떨어져 산다. 그리고 동시에 고독은 홀로 떨어져 있을 때 생긴 것이기 때문에 "누구든 자기 자체로 충분한 자는 누구에게도 상처를 입히려 하지 않는다"(같은 책, I, 790). 그래서 선량한 것이다. 각각의 논법은 그 자체로는 타당할 수 있을 것이다. 그러나 루소에게 그 둘의 공존은 둘 다를 의심스럽게 한다. 그리고 그것은 고독한 이상(理想)의 옹호가 루소에게 얼마나 대단히 중요한 문제인가를 보여주고 있다.

―――――――――

안 된다는 교훈은, 가능한 한 인간 사회와 관계를 맺지 말라는 교훈을 포함하고 있다. 왜냐하면 사회 상태에서는 한 사람의 행복은 필연적으로 타인에게 불행을 주는 일이기 때문이다. 이 관계는 사물의 본질 속에 존재하는 것이어서, 어떤 것도 그것을 바꿀 수는 없다. 이 원칙에 의거하여 사회적 인간과 고독한 인간 중 어느 쪽이 더 좋은가를 탐구해보게 하라. 어떤 유명한 작가[디드로를 말한다 ― 옮긴이]는 악인만이 혼자 살 수 있다고 말한다. 하지만 나는 선한 사람만이 혼자 살 수 있다고 말하고 싶다. 이 명제는 비록 격언까지는 아니었지만, 앞의 것보다 더 진실하고 이치에 맞다. 만일 악인이 혼자 있다면, 그는 어떤 짓을 할 수 있을 것인가? 악인이 타인에게 해를 끼치기 위해 그의 계략을 꾸미는 것은 다름 아닌 사회 속에서인 것이다"(『에밀』, IV, 341).

이와 같이 일련의 변화와 구분에 의해서, 두려움의 대상인 고독은 사람들이 열망하는 이상이 되고, "사랑스러운 고독"(「즐거움의 기술」, I, 1173)이 된다. 어쨌든 그것이 루소가 주장하는 고독이다. 하지만 다음과 같은 진술이 자주 반복되는 것을 알아차렸을 때, 사람들은 루소의 진실성보다 명석함을 의심하게 된다. 루소는 자전적 저작 도처에서 독자를 향해서, 자신은 타인을 필요로 하지 않고 타인이 없는 편이 행복하며, 그들의 반감에 감사하고 있다고 말한다. 그들이 자기 자신 속의 생각지도 않은 보물들을 발견하게 해주었기 때문이다. "그리하여 나는 그들과 어울려 사는 것보다 혼자 있는 편이 훨씬 더 행복하다"(『몽상』, I, 998). 만약 그것이 사실이라면, 어째서 수없이 그것을 되풀이해야 하는 것일까? 흔히 메시지의 반복은 그것의 정당성을 증명하기는커녕 그것을 의심하게 한다. 같은 내용의 문장이 계속해서 새롭게 기술된다는 것은 이전의 문장이 전적으로 진실을 말하고 있지 않음을 밝히는 것과 같다. 이와 같은 주장이 타인에게 읽힐 용도로 마련된 편지나 저작에 등장한다는 사실을 언급하지 않는다 하더라도, 독자 또한 루소에게는 '타자 *les autres*'임이 틀림없다. 루소는 끊임없이 독자들을 향해 더 이상 그들에게 말하고 싶지 않다고 말한다. 그 결과로 독자 쪽에서도 루소가 "혼자 있자마자 행복하다"(『대화』, I, 816)고 단언할 때 그 말에 대해 회의적일 권리가 있는 것이다.

2. 제한된 의사소통

고독 속에서 루소가 느꼈던 행복의 진실성에 대해—따라서 고독의 주관적 가치에 대해—품었던 의심과 더불어, 고독의 가능성 자체에 대해서도 훨씬 근본적인 의문이 생긴다. 사람은 정말로 혼자 살 수 있을까? 그러자면 어떤 대가를 치러야 할까? 이 새로운 의문은 루소가 은자(隱者)의 생활을 하지 않고 여전히 다른 인간들과 어울렸다는 것을 독자가 알아차렸으므로, 더더욱 강하게 제기된다. 그렇다면 '고독'을 글자대로의 의미로 받아들여서는 안 된다. 즉 완전히 혼자 산다기보다 타인과의 교류를 최소화하는 방향으로 생활을 바꾸어야 한다는 것이다. 그러므로 고독보다 오히려 '제한된 의사소통 *communication restreinte*'에 대해 말하고, 이러한 제한이 어떠한 방향에서 행해지는지를 관찰하는 편이 더 바람직할 것이다. 루소에게 있어서 의사소통의 제한은 크게 네 종류로 나뉜다.

1) 문자언어 écriture

타자와의 관계에서 생기는 첫번째 변환은 접촉의 형태 그 자체에 대해 어떻게 작용하느냐에 달려 있다. 눈앞에 인간이 있어서 생기는 혼잡을 간접적인 교환으로 바꾸는 것이다. 인간은 사랑하는 사람과 멀리 떨어져 있을 때 그 사람을 더 사랑하게 된다. 타자가 부재하면 우리는 그를 더 원하게 될 뿐 아니라 그가 구속하지 않아 편안하게 된다. 루소는 "그녀를 더욱 사랑하기 위해 그녀에게서 멀어질 필요"(『고백록』, I, 181)를 알고 있었다. 또한 그는 이웃과 어쩔 수 없이 말을 주고받아야 한다고 생각했을 때 그를 사로잡았던 공포에 대해서도 자주 묘사하고 있다. "무엇보다도 이것이 가장 불편하고 가장 위험한 고통이다"(같은 책, I, 202). "이것이야말로 나에게는 참기 어려운 고통이었다"(같은 책, I, 601).[8] 루소가 묘사하는 장면들은 그가 느낀 불쾌감을 당연하게 여기게 한다. 하지만 우리는 묘사에 사용된 형용사들의 신랄함에 놀라게 된다. 말[음성언어]에 비해 문자언어는 모든 이점을 다 갖추고 있다. 루소는 "애인에게 편지를 쓰기 위해서 그녀와 헤어진 어떤 남자"(같은 책, I, 181)와 자기의 닮은 점을 발견한다. 그것은 그에게 어울리는 해결책이다. 타자를 보거나 접촉하지 않고서도 타자와의 관계를 유

---

8) "문학을 완전히 포기한 나는, 가능한 한 조용하고 평온한 생활을 하려고 했다. 나는 혼자 있으면서 권태를 느낀 적이 없었다. 무위도식하며 살 때도 그러했다. 나의 상상력이 모든 공허vide를 메워주었기 때문에 그것만으로도 소일거리는 충분했다. 언제나 나를 못 견디게 만든 것은 방 안에서 남과 얼굴을 맞대고 그저 혀만 움직일 뿐인 객담(客談)이었다. 외출을 하거나 산책을 할 때는 그래도 낫다. 발과 눈은 그나마 무엇인가를 하고 있기 때문이다. 그러나 방 안에 가만히 앉아서 팔짱을 끼고 오늘 날씨가 어떻다는 둥, 날아다니는 파리가 어떻다는 둥 하는 이야기, 그리고 더 곤란한 것은 서로 점잖게 인사를 주고받는 것인데 이것이야말로 나에게는 참기 어려운 고통이었다"(같은 책, I, 601).

지할 수 있으니까 말이다. 루소는 단지 애정 관계에서만 이런 해결책을 선호하는 것이 아니다. 드러내놓고 반감을 표출한 어떤 순간을 묘사하면서 루소는 다음과 같이 이야기했다. "만약 내가 말을 아주 잘해서, 말하자면 입에 나의 펜을 가졌다면, 나는 엄청나게 성공했을 것이다"(같은 책, I, 625). 작가들 가운데 가장 조리 있고 거침없었던 루소는 말하는 데 있어서는 능력을 갖추지 못했다. 루소의 웅변술은 소심했고, 그는 그것을 알고 있었다. 그는 "비록 소심하게 말을 하긴 했지만 강력하게 글을 쓸 줄 알았고," "펜은 혀보다 정념의 언어를 더 잘 말할 수 있었다"(『대화』, I, 802). 루소에게 있어 "말하기의 곤란함"은 "글쓰기의 즐거움"(『몽상』, I, 1038)과 늘 대비를 이루었다.[9]

2) 상상의 세계

타자와의 관계에서 생기는 두번째 변환은 관계가 아니라 대상에게 행해진다. 실제 세계 *le réel*를 상상 세계 *l'imaginaire*로 바꾸는 것이다. 왜냐하면 후자가 전자보다 더 바람직하기 때문

---

9) "그렇다. 내가 아는 진실과 다르게 말했을 때 그것은 아무래도 상관없는 경우들이거나, 아니면 나 자신의 이득이나 타인의 이익 및 피해를 위해서라기보다는 말하기의 곤란함과 글쓰기의 즐거움을 위해 그렇게 한 것이었다. 그리하여 공정한 마음으로 『고백록』을 읽은 사람이라면 누구나 내가 한 고백들이 말하기에 덜 수치스러운 어떤 불행에 관한 고백들이나, 또는 내가 행동을 한 적이 없기에 말하지 않은 고백들보다 말하기 더 창피스러우며 고통스러운 것들임을 알 것이다"(같은 책, I, 1038).

이다. 쥘리Julie는 다음과 같이 말한다. "이 세상에서 유일하게 살 만한 가치가 있는 것은 공상chimère의 나라이다. 인간 만사는 허무한 것이다. 그 자체로 존재하는 유일한 존재를 제외하고, 존재하지 않는 것보다 더 아름다운 것은 없다"(『신 엘로이즈』, II, 693). 상상의 세계는 자기 충족을 가장 잘 구현하고 있는 존재인 신 바로 다음에 위치한다. 루소는 이와 같은 생각에 동의하며, 그것을 실행에 옮기고자 했다. "나는 세상에서 만나는 존재들을 상대하는 것보다 내 주위에서 떠올린 공상 속의 존재들을 상대하는 편이 더 좋습니다"(『말제르브에게 보내는 편지』, I, 1131). "감미로운 공상들"(『고백록』, I, 158)에 대한 이러한 선호는 무엇에서 기인한 것일까? 이러한 선호는 공상 속의 존재들이 상처를 입는 일이 없으며, 우리가 그것을 다루기 쉽다는 데 기인한다. 인간들은 자신이 상상하는 대상들에 대해 손끝 하나 댈 수 없다. 즉 "상상력을 향유할 줄 아는 사람에게서 그 행복을 빼앗을 수 있는 것은 아무것도 없다"(『대화』, I, 814). 나는 나의 동료들의 사회〔실제 사회〕를 언제라도 원하는 대로 할 수 있다. "왜냐하면 상상력은 어려움이나 위험 없이 즐길 수 있고, 내가 필요로 하는 바 그대로 언제나 신뢰할 수 있기"(『말제르브에게 보내는 편지』, I, 1135) 때문이다. 어쨌든 이것이 자기 충족 속에서 살기 위한 상당히 경제적인 수단이다. 여기서도 역시 사람은 자기 자신의 삶을 향유한다. 이것은 '공상'을 통해서 가능하다.

3) 자연

의사소통의 세번째 변환은 그 대상의 현실적 성격을 보존하기 위해 행해진다. 루소는 여기서 생물의 자리에 무생물을 놓는다. 그는 다음과 같이 적고 있다. "혼자 있을 때, 나는 결국 무엇을 즐기고 있을까요? 바로 나 자신, 세계 전체입니다"(『말제르브에게 보내는 편지』, I, 1138). 이 표현은 어떠한 것에도 열려 있는 것처럼 보이지만, 실제로는 매우 중요한 것을 제외하고 있다. 바로 인간이다. 우리는 루소가 자기 자신을 향유할 줄 알았다는 것을 알고 있다. 그는 거기에 세계 전체를 덧붙인다. 하지만 인간과 주변 사물을 구분하지는 않고 있다. 그가 그것들을 구분할 때에는 인간을 배제하기 위해서이다. "근사한 하루가 시작될 때, 맨 처음 마음에 떠오르는 소원은, 제발 편지가 오거나 손님이 찾아오거나 해서 이 근사한 기쁨을 깨뜨리는 일이 없었으면 하는 것"(같은 책, I, 1139)이다. 적막한 미개의 숲 한구석을 발견했을 때 그는 유쾌하다고 하는데, "어떤 귀찮은 제삼자도 자연과 나 사이에 개입하지 않기 때문"(같은 책, I, 1140)이다. 이 관계에서 주체는 오로지 인간이며, 그 대상은 말이 없는 자연이다. 다른 인간들은 자연과 교감하는 데 있어 잠재적 방해물이며, 흥을 깨는 간섭자에 불과하다.

여기서 자연이 다시 한 번 모습을 드러내는데, 물론 다른 의미를 지닌다. 그것은 비(非)인간*non-humain*의 영역이다. 그

가운데 루소는 다른 무엇보다도 식물을 선택한다. 광물계(界)는 충분한 활력이 없으며, 동물계는 이미 고유의 의지가 지나치게 많다. 인간에게 실망한 루소는 식물채집으로 관심을 돌린다. 그는 사람들에게 그것을 실천하길 권한다. 단 실제적인 이익을 바라지 않고, 또 식물을 다른 목적을 위한 수단으로 삼지 않는다는 조건으로 말이다. 그는 "이 모든 자연의 아름답고 우아한 짜임새들을 회반죽 속에 처박아버리고자 하는 사람에게는 이것들이 흥미를 끌지 못한다"(『몽상』, I, 1064)는 사실에 가슴 아파한다. 그의 관심은 식물 자체를 넘어서지 않았으며, 그는 순수한 "찬미의 매력"(같은 책, I, 1069)을 맛보았다.

식물과 의사소통한다는 것은 분명 즐거운 일이다. 하지만 그 중요성을 과장해서는 안 될 것이다. 우리는 다음 문장을 통해 그 점을 판단할 수 있다. "자연을 유심히 바라보는 것은 언제나 그의 마음을 사로잡는 것이었다. 그는 그것에서 자신이 필요로 하는 애정을 대리 보충 *supplément*했다. 그러나 어느 쪽을 선택하라고 했다면, 그는 사물을 향한 애정을 포기했을 것이다. 그가 식물과 대화하기로 한 것은 단지 인간들과의 대화가 수포로 돌아가고 난 뒤의 일이다. 그는 '인간들과 대화할 수 있는 희망을 다시 찾을 수만 있다면 기꺼이 식물 사회를 떠날 것'이라고 말했다"(『대화』, I, 794). 그러므로 대리 보충은 일시적인 행복이다. 여기서 우리는 루소가 식물보다 인간을 좋아했다는 사실에 마음이 약간 가벼워진다.

4) 탈인격화

그러나 사람이 단지 식물이나 상상적인 혹은 부재하는 존재하고만 살아갈 수 있는 것은 아니다. 은둔하지 않는 한 필연적으로 살아 있는 인간과 상대하게 된다. 물론 그렇다. 하지만 루소는 살아 있는 인간들이 바로 탈인격화 *en non-personnes*될 수 있도록 처리한다. 이를테면 그는 파리의 아카데미 회원보다 몽모랑시의 농민들과 자주 어울린다는 사실을 자랑스럽게 여긴다. 전자는 그와 의견을 나눌 수 있지만, 후자는 단지 그에게 조언을 구할 뿐이다. 마찬가지로 『몽상』의 「아홉번째 산책」에서 그는 아이들과 어울리는 즐거움에 대해 말하고 있다. 그러나 거기에서도 그는 상호적인 관계를 기대하지는 않는다. 그가 아이들에게 요구하는 것은 "인간들 사이에서 찾기 힘든 호의적인 시선"(『몽상』, I, 1089)이다. 아이들에게 그것이 없다면 그는 그것을 동물들 속에서 찾으려 했을 것이다. 인간이 인간답게 되는 것은 동물과 구별되기 때문이다. 요컨대 루소는 타인이 자신처럼 주체가 아니고, 인격화되지 않는다는 전제하에 타인의 존재를 받아들인다. "그들의 사회에서 나는 완전한 이방인이기에, 나는 그 사회를 좋아하게 될 것이다"(같은 책, I, 1057). "나는 내 얼굴이 알려지지 않는 한 사람들 사이에서 사는 즐거움을 변함없이 느낄 수 있음을 고백해야겠다"(같은 책, I, 1095).

그런데 그에게는 늘 그의 곁에 있으며, 낯설지 않은 사람이 적어도 한 사람이 있었다. 바로 그와 평생을 같이한 반려자이며, 후일 그의 아내가 되는 테레즈[10]이다. 그런데도 루소는 고독에 대해 말할 수 있을까? 루소는 『고백록』에서 이 모순 *paradoxe*에 대해 설명하고 있다. 그의 이상(理想)은 타자와의 완전한 융합이었다는 것이다. "내 욕구 가운데 으뜸가는 것, 가장 크고 강하고 억제할 수 없는 것, 그것은 오로지 내 마음 안에 있었다. 그것은 격의 없이 진심으로, 그리고 가능한 한 격의 없는 마음으로 사귀는 것에 대한 욕구였다. 남자보다는 여자, 남자 친구보다 여자 친구가 필요했던 것은 특히 그 때문이었다. 이 욕구는 육체만의 어떤 긴밀한 결합으로는 만족시킬 수 없는 욕구였다. 하나의 육체에 두 개의 영혼이 깃들지 않으면 안 되었다. 그렇지 못하면 나는 언제나 허전함을 느꼈다"(『고백록』, I, 414).

---

10) 테레즈 르 바쇠르Thérèse Le Vasseur. 1745년 루소는 파리 뤽상부르 공원 근처의 생 캉탱 여관에서 당시 23세였던 그녀를 처음 만나 꼬박 23년의 동거 끝에 결혼했다. 루소는 그녀와 낳은 다섯 아이를 공립 고아원에 맡겨 불확실한 운명에 방치해버렸다. 루소는 나중에 자신이 너무 가난하여 아이들을 제대로 돌보지 못했다고 말했다. 그러나 자식들에 대한 그런 처사 때문에 괴로워하고 또 수치스러워했다. 어떤 독자들은 루소의 이런 행위를 두고, '그런 사람이 어떻게 『에밀』 같은 숭고한 자녀 교육서를 써낼 수 있었을까' 하고 의아해한다. 그러나 그 책은 어떤 면에서 보면 개인적 속죄의 저서이기도 하다. 오늘날까지도 자신의 아이를 버렸다는 사실은, 루소의 특성을 말할 때 가장 먼저 거론되는 사항이다.

우정에 대해서는 하나의 전통적인 이미지가 존재한다. 특히 스토아학파의 전통 속에 잘 남아 있는 그 이미지는 이상적인 우정을 영혼의 융합으로 표현하고 있다. 성 아우구스티누스는 절친한 친구의 죽음을 슬퍼하면서 두 사람의 교류에 대해 다음과 같이 말한다. "어느 시인이 자기의 절친한 친구를 가리켜 '자기 영혼의 반쪽'이라고 한 것은 실로 맞는 말입니다. 내 영혼과 그 친구의 영혼은 비록 몸은 다를지라도 똑같은 한 영혼이라고 느끼고 있었습니다."[11] 몽테뉴는 영혼의 보편적 혼합, 존재의 융합을 찬양했다.[12] 루소는 이러한 이미지를 취하면서도 역설적으로 비틀어 문제를 검토하고 있다. 그가 추구하고 있는 것은 두 개의 육체 속에 있는 하나의 영혼이 아니라 하나의 육체 속에 있는 두 개의 영혼이다. 그는 육체적인 융합, 다시 말하면 불가능한 것을 추구하고 있는 것이다. 여기서 여성이 남성과 다른 것은, 그리고 사랑이 우정과 다른 것은, 여성이 사랑하는 남성에게 더욱 친밀한 접촉—성적인 접촉—을 허용하기 때문이다. 그렇지 않다면 어떠한 특수성도 어떠한 특별한 호기심도 없다(『신 엘로이즈』에서 생프뢰는 "남녀 간의 지나치게 내밀

---

11) 『고백록 *Confessionum*』 제4권 제6장. 여기서의 시인은 오비디우스를 말한다.
12) "내가 말하는 우정은, 두 개의 영혼이 서로 상대의 내면에 완전히 용해되어, 그들을 결합시키는 매듭이 없어져 알아볼 수 없게 될 정도를 말한다. 누가 내게 왜 그를 사랑하는지 물어본다면 나는 대답할 수 없다. 다만 '그가 그였고, 내가 나였기 때문이다'라고밖에는 답할 수 없다"(몽테뉴, 『수상록』, 제1권 제28장).

한 관계는 결국 해악을 가져다줄 따름이다"〔II, 499〕라고 말하고 있다).

따라서 타인과의 가장 좋은 관계는 타자의 흡수―또한 타자의 소멸―이다. 다른 자리에서도 루소는 같은 이미지를 사용한다. "사람 대신에 책을 앞에 놓고, 먹어가면서 읽는 것이 언제나 나의 변덕스러운 낙이었다. 그것은 나에게 부족한 사교를 대리 보충하는 셈이다. 한 페이지 읽고 한입 먹는 식으로 해서, 마치 책과 함께 식사를 하는 것 같았다"(『고백록』, I, 269). 식물과 마찬가지로 책은 친구의 대용품이다. 그러나 다른 한편으로 책은 둥글게 부푼 모양에 동그랗고 작은 꼭지가 달린 빵 브리오슈*brioche*의 작은 조각과 같은 부류에 속하게 된다. 친구의 운명도 같은 것인가? 타자와의 융합은 타자에 대한 몰이해 *méconnaissance*와 상반된 길을 가지만 같은 결과에 도달한다. 타자는 완전히 독립적인 주체로서 존재하지 않는다. 타자는 사물들 사이에서 길을 잃는 것이 아니라 내*moi* 속에서 사라지는 것이다. 타자는 이제 나의 일부에 지나지 않는다.

이쯤에서 테레즈의 문제로 되돌아가자. 그녀를 위협하는 것은 삼켜져 사라지는 것이 아니다. 참으로 유감인 것은 (육체적) 융합의 시도가 실패로 돌아간 것이다. "내가 어떤 방법을 취하든 테레즈와 나는 완전히 융합하지 못하고 언제나 따로따로였다"(같은 책, I, 415). 그런데 앞서 살펴본 것처럼 루소는 하나의 육체에 두 개의 영혼이 융합하지 못하면 공허감이 발생한다.

거짓된 의사소통이 실제로 고독을 불러일으키는 것이다. 루소는 테레즈가 그와는 별개로 존재하며, 자기 이외의 사람들— 이를테면 그녀의 어머니—과 관계를 맺고 있는 것을 알게 되면서, 그녀를 융합해야 할 반쪽의 후보자로 잡아두지 않는다. 그 결과 루소는 그녀에 대한 관심을 모두 상실한다. "그녀에게 내가 전부가 아니라는 생각만으로 그녀는 내게 있어 거의 아무것도 아닌 것이 되고 말았다"(같은 책, I, 424). 여러 관계들 사이에 나뉘어 있던 테레즈는 그의 속에서 융합되지 않았다. 그래서 그의 고독을 깨뜨리지 못했다. 그렇기 때문에 루소는 "상냥한 테레즈와 그의 어머니와 함께 고독한 생활을 즐긴다"(같은 책, I, 412)고 말할 수 있었던 것이다.

테레즈는 루소의 곁에 머물러 있다. 그러나 그녀는 그의 속으로 융합되지 않는다. 또한 그녀는 자율적 주체라든가 대화의 상대인 '너tu'가 되지도 않는다. 그렇기 때문에 그녀는 종속적 위치밖에 차지할 수 없다. 루소가 보기에 그녀는 결국 의존적이고 상대적인 방식으로만 존재할 뿐이다. "내가 그녀를 위해 한 일은 모두 곧 나를 위해 한 일이었다"(같은 책, I, 419). 그녀도 식물이나 책의 대열에 들게 된다. "나는 테레즈를 통해 내가 필요로 하는 부분을 대리 보충[13]했다"(같은 책, I, 332). 루

---

13) 데리다Jacques Derrida는 『고백록』에서 사용된 '대리 보충supplément'이라는 말의 용법에 대한 분석에서 다음과 같이 그 개념을 설명하고 있다. "대리 보충은 첨가이고 잉여이며, 다른 충만함을 풍요롭게 해주는 충만함이고,

소는 인간의 관심을 끄느냐 아니냐 하는 단 한 가지 측면에 국한시키는 지나치게 도구적인 견해로부터 식물을 옹호했다. 하지만 루소는 테레즈를 위해서는 그런 배려를 하지 않았다. 그녀는 『고백록』과 거기서 묘사된 생활 속에서 루소의 대리 보충물로만 존재한다. 그는 그녀에게 결코 발언권을 주지 않는다. 루소가 자신의 즐거움을 언급하는 장면을 통해 이 점을 잘 알 수 있다. "내가 즐거운 마음으로 떠올릴 수 있는 것들은 세상을 피하여 숨어 살면서부터 생겨났습니다. 혼자서 산책을 하고, 오직 나 자신*moi seul*과 함께했던 시절, 그리고 사람 좋고 순박했던 가정부, 사랑스러운 개, 나이 든 고양이, 시골의 새들, 숲 속의 수사슴 등 자연 전체나 인간의 이해력을 초월하는 창조자와 함께했던 시간, 이러한 감미로웠던 나날들은 눈 깜짝할 사이에 지나가긴 했지만 나를 즐겁게 했습니다"(『말제르브

현전*présence*[존재나 사물의 진리가 직관에 의해 의식에 직접적으로 나타나는 현상—옮긴이]의 과잉이다. 그것은 현전을 겸하고 축적한다. 그렇게 하여 예술·기술·이미지·표상·규약 등은 자연의 대리 보충으로 오는 것이며, 이와 같이 겸하는 그 모든 기능으로 풍요롭다. 이런 종류의 대리 보충성이 모든 개념적 대립들, 루소가 자연은 그 자체로 충족되지 않을 수 없을 것이라는 개념을 그 안에 편입시키는 개념적 대립들을 어떤 식으로든 결정짓는다. 그러나 대리 보충은 대리 보충일 뿐이다. 그것은 대신하기 위해서만 첨가되는 것이다. 그것은 개입하거나 다른 어떤 자리를 대신하여 슬며시 끼어든다. 그것이 무언가를 메운다면, 빈 공간을 메우는 것과 같다. 그것이 무언가를 대리 표상하고 이미지가 된다면, 어떤 현전이 이전에 결여하기 때문이다"(*De la grammatologie*, Minuit, 1967, p. 208).

에게 보내는 편지』, I, 1139). 여기서 테레즈의 역할은 '가정부 *gouvernante*'로 축소되어 있다. 집에서 기르는 동물들의 선두에 위치해 있기는 하지만, 자연의 한 요소이며 '나 자신'과 신(神) 사이의 교량 역할을 할 뿐이다.

테레즈의 예는(그러나 그녀에만 그치지 않는다) 제한된 의사소통의 의미심장한 변이형*variante*을 보여주고 있다. 왜냐하면 그것은 현실 속 인간들과 맺는 관계의 진상을 나타내고 있기 때문이다. 즉 현실의 인간은 사물이나 도구 같은 탈인격화된 것으로 변화된다. '고독' 속에 살기 위해 루소는 자기 자신에게 허락했던 것과 유사한 상황*statut*을 타자에게는 허락할 수 없었다. 다시 말하면 그의 '고독'은 인간들 사이의 불평등에 동의한 대가로 얻어진 것이다.

의사소통에 가해진 이러한 제약들은 고독한 사람의 전형적인 활동을 은연중에 드러내고 있다. 첫번째로 행해진 두 가지 조정*aménagement*을 살펴보자. 작가는 분명 현실 세계보다 상상의 세계를 더 좋아하고 음성언어보다 문자언어를 더 좋아한다. 그러나 그 작가가 쓰는 작품은 어떤 장르일까? 그것이 소설은 아닐 것이다. 루소가 소설을 한 권 쓴 것은 사실이다. 하지만 오늘의 독자들은 루소가 만들어낸 소설 속 인물들의 사상이나 생각보다 루소 자신의 사상이나 생각을 소설 속에서 찾으려 한다. 이것은 우연이 아니다. 소설 속 인물들이 마음대로 할 수 있는 자율성은 대단히 축소되어 있다. 그런데 진짜 소설은 여러 가지 주관성을 인정하는 데서 성립한다. 루소는 소설 『신 엘로이즈』의 이러한 특수성을 무시할 수 없어서, 소설의 서문으로 사용하기로 했던 「소설에 관한 대담Entretien sur les romans」에서 다음과 같이 말하고 있다. "고독한 사람들을 위해 쓴 글은 고독한 사람들의 언어로 말해져야 한다"(II, 22). 이것은 소설의 토대가 되는 다양성*pluralité* 대신 어조와 문체와 세계가 단일해야 한다는 말이다. "쥘리와 관계있는 모든 것은 쥘리와 유사해야 한다. 그녀 주변에 있는 모든 것은 쥘리가 되어야 한다. 그녀의 모든 친구들은 단지 하나의 어조만을 지녀야 한다"(같은 책, II, 28).

그러므로 고독한 사람이 쓸 것은 소설이 아니다. 그의 작품은 소설과 몇 가지 특징을 공유한다. 우선 특수한 개인을 주인공으로 삼는다. 집단이나 의인화(擬人化)된 추상적 개념을 주인공으로 삼지는 않는다. 작품 속의 사건은 사건에서 교훈을 끌어내기 위해서가 아니라 사건의 독특한 맛을 음미하기 위해 진행된다. 여기서 의사소통의 나머지 두 제약, 자연과 탈인격화의 도움을 받는다. 이러한 장르에 속한 작품에서 '타자'는 말하거나 이야기하는 주체의 필요에 의해서만 존재할 뿐이며, 타자의 결핍을 보완해주는 것은 자연의 묘사이기 때문이다. 분명히 말하건대, 여기서 문제되고 있는 것은 자서전이며, 루소는 그것의 근대적인 형식을 창안한 것이다. 루소가 필요로 한 것은 타자와 자아를 평등하지 않게 다루는 것이다. 그는 『고백록』의 첫머리에 다음과 같이 적고 있다. "나는 내 마음을 잘 알고 있다. 그리고 나는 사람들이 일반적으로 어떤지를 알고 있다" (I, 5). 모든 것이 알아야 할 대상이지만, '나 *je*'만이 유일한 주체이다. 그에게는 외부에서 부여된 가치보다 내부에서 부여된 가치가 더 필요했다. 그리하여 그는 자신의 계획이 "사건들 자체의 역사를 기록하는 것이 아니라 사건 발생에 따른 자신의 영혼 상태를 기록하는 것"(『고백록』 초고, I, 1150)이라고 적고 있다. 정치론을 쓰는 것은 시민의 의무라고 결코 말할 수 없다. 하지만 자서전 집필은 고독한 개인의 아주 자연스러운, 거의 피할 수 없는 행위이다. 따라서 마지막 15년 동안 루소의 삶은 자서전을 쓰는 행위와 혼연일체가 되어 있다. 그는 스스로 이렇게 지적하고 있다. "만약 나의 책을 내가 계속해서 쓴다면 그것은 내 삶의 끝에 가까이 갔을 때가 되어서야 당연히 끝이 날 것이다"(『몽상』 초고, I, 1165). 그러나 이 끝은 책의 끝이기도 한 셈이다.

　말하고자 하는 내용이 어떤 것이든, 자서전을 쓰려는 사람에게 있어 절대적인 자질은 성실함 *sincérité*이다. 다시 말하면 초월적 가치에 준거하는 것은 아무것에도 제약을 받지 않는 주관성에 의해 배제된다는 것이다. "만약 이 감정이 내 마음속에 있는 것이라면 그것을 감출 필요가 있을까? 〔……〕 자기 자신에 관해 성실하게 말하려는 사람을 꾸짖어서는 안 된다"(「나의 초상화」, I, 1122). 『고백록』은 자서전의 필자가 자기 자신에 대해 말하는 *se dire*— 더욱이 자기 자신에 대해 쓴다는— 행위 속에서 발견하는 내재적인 즐거움에 대해 자주 이야기하고 있다. 이것이 바로 루소가 자서전을 쓰는 행위에 몰두한 이유이기도 하다. "나는 나 자신에 대해 말하는 것을 대단히 좋아한다"(『말제르브에게 보내는 편지』, I, 1142). 그것은 견줄 데 없는 자급자족적 행위이다. "자신에 대해 말하면서 나는 즐기고, 또 즐긴다"(「즐거움의 기술」, I, 1174). '타자'에게는 등장인물의 역할뿐만 아니라 독자의 역할도 주어지지 않는다. "독자들이 이런 것까지 하나하나 알아야 할 필요가 없다는 것은 잘 안다. 그러나 나는 그것을 그들에게 말하고 싶은 것이다"(『고백록』, I, 21).

이것이 적어도 자서전이라는 장르의 공식적인 순서이다. 루소는 종종 오늘날 정신분석가가 환자들에게 요구하는 규칙, 즉 모든 것을 말하게 하는 것을 자서전의 유일한 규칙으로 삼는다. "나는 좋은 것이든 나쁜 것이든 모든 것을 말할 것이다"(『고백록』 초고, I, 1153). 루소는 "자연 그대로, 본래 있는 모습대로 정확하게 그려진 인간상(人間像)"(『고백록』, I, 3)을 보여주고, "자기를 완전히 대중 앞에 내놓을"(같은 책, I, 59) 것이라고 말한다. 자서전의 언어는 투명해야 하며, 책을 메우게 될 경험 전체를 순수하게 매개해야 할 것이다. 그러나 루소는 모든 것을 말한다는 것이 불가능하다는 것을 알고 있다. 왜냐하면 체험이란 무궁무진한 것이기 때문이다. 그리고 언어에 대해서도 선택이 필요하다는 것을 알고 있다. 말이라는 것이 스스로 제시되는 것이 아니기 때문이다. 자연 언어란 존재하지 않는다. "내가 말하고자 하는 것에 대해서 나의 계획만큼이나 새로운 언어를 만들어내지 않으면 안 된다. 어떤 어조를, 어떤 문체를 취할지 선택해야 하기 때문이다"(『고백록』 초고, I, 1153). 루소는 자서전 작업을 시작하면서 분명하게 자서전이라는 장르의 특징으로 몇 가지를 구별하고 있다. "내가 받은 인상과 함께 현재의 감정에도 몸을 맡김으로써, 나는 사건이 일어났을 때와 그것을 묘사할 때의 내 마음 상태를 이중으로 그릴 것이다. 나의 문체는 내 이야기의 일부가 될 것이다"(같은 책, I, 1154). 그러나 이와 같은 '전문적' 고찰은 독자에 대한 배려와 형식에 대한 관심을 드러내고 있는 것인데, 그것은 모든 것을 말한다고 하는 단순한 계획에 더 이상 부합하지 않는다.

루소는 『고백록』에 포함되지 않은 서문에서 몽테뉴에 대해 모든 것을 말한다는 유일한 규칙을 따르지 않았음을 비판했다. "몽테뉴는 자신을 비슷하게 그렸지만, 그것은 단지 한 모습에 불과하다"(같은 책, I, 1150). 그러나 그가 후일 자신의 『고백록』을 다시 검토하게 되었을 때, 그는 문자언어에는 진실 *vérité*과 함께 상상 *imagination*도 있고, 어느 순간은 미화하고 다른 순간은 생략했으며, 진실보다는 진실인 것 같은 것 *vraisemblance*을 따랐음을 인정했다. "마치 잊었어야 했던 것으로 생각하는 것처럼 내가 잊었던 것을 이야기했다"(『몽상』, I, 1035). 따라서 루소는 자신이 반드시 몽테뉴보다 잘하지는 않았음을 겸허하게 인정한다. "때때로 나는 의도적으로 한 모습만을 그림으로써 흉한 부분을 감추었다"(같은 책, I, 1036). 초상화란 그것이 어떤 것이건 간에 한 모습에 불과한 것이 아닐까?

자서전은 모든 것을 말한다는 규칙을 따르지 않는다. 그렇게 하고 싶어도 할 수 없다. 마찬가지로 이야기하는 사람의 자아를 배려할 수도 없다. 자서전을 쓴다는 행위는 여전히 언어 행위이며, 언제나 타자에 대한 호소이다. 고독한 개인은 실제로는 홀로 사는 것이 아니다. 그는 타자를 존재하지 않는 것처럼 혹은 대수롭지 않은 것처럼 다룰 수 있을 뿐이다. 이러한 개인의 최후 현신(現身)이라고 할 수 있는 자서전 작가는 그렇다고 해서 자기 자신에 관한 것을 말하는 것만으로 만족할 수는 없다. 그는 문학 작품을 쓰고, 타자에게 말을 건다. 그러나 그는 이러한 계획을 과시하고 그 행위를 자랑스럽게 여긴다. 어느 정도의 자기기만은, 몇몇 구체적인 자전적 작품에서뿐만 아니라, (루소가 구상한 바와 같은) 근대 자서전의 장르 자체에 내재하는 것이다.

3. 자아의 탐구

고독은 충분하지 않다. 그것은 고작해야 눈에 보이는 타인들을 우리와 무관한 곳으로 쫓을 뿐이다. 그런데 개인의 자아 *moi* 는 그 내부에 자기만의 소유물이 아닌 많은 성분들을 가지고 있다. 만약 인간이 고독을 자신의 이상으로 삼는다면, 이 자아를 분석해야 할 것이다. 이러한 분석은 자아에서 외부의 모든 도움을 배제하고, 자아에 속하는 것만을 남기도록 한다. 이 부분을 '자기 *soi* '라고 하자. 루소가 최후의 저작인 『고독한 산책자의 몽상』에서 이야기하고 있는 경험도 바로 여기에 관한 것이다.

우선 타자를 자신의 삶에서가 아니라 자신의 존재에서 멀리 떨어지게 한다. 타자에서 해방되기 위해서는 혼자 있는 것으로 충분하다고 생각한다. 이것은 사회 상태를 거치면서 인간이 자율적 정념인 자기애 *amour de soi* 가 다른 모든 정념의 원천이며 상대적 정념인 이기심 *amour-propre* 으로 변하는 것을 목격한 사실을 잊고 있는 것이다. 이기심이란 우리 속에 있는 타자이며, 우리의 모든 악의 근원이다. 이기심은 "낯선 존재들이 아닌 바로 우리 자신 안에 있기 때문에 그것을 뿌리째 뽑아 없애기 위해 노력해야 한다"(『몽상』, I, 1078). 이것이 바로 고독한 개인의 이상인 자연인 *homme naturel* 이 '자연의 인간 *homme de la nature*,' 즉 사회 이전의 인간과 동의어가 되기 위해 치러야 할 대가이며, 겪어야 할 시련이다.

그런데 바로 그것이 루소가 새롭게 열망하는 것이다. 루소는 "다른 것에 마음 뺏기지 않고 방해도 받지 않은 채 오롯이 나 자신으로 돌아갈 수 있기를"(같은 책, I, 1002) 원한다. 그러므로 그는 독아론(獨我論)[14]적인 표현을 되풀이한다. "나는 나 자신을 향유한다"(같은 책, I, 1084). "나는 나 자신 속에 묻혀 살았다"(같은 책, I, 1042). "나는 '나'라는 실체'에서 자양분을 취한다. 그것은 고갈되지 않는다. 나는 스스로에게 만족한다"(같은 책, I, 1075). 이러한 표현마저도 오해를 해소하거나 저자의 누명을 벗기고 그의 이미지를 바로잡기 위해 쓰인 것이 아니며, 『고백록』이나 『대화』[15]처럼 타자를 겨냥하고 있는 것도 아니다. 이제 중요한 것은 "자신의 영혼과 이야기하는"(같은 책, I, 999) 것이다.[16] 여기서 지금까지 드러나지 않았던 몽테뉴와

---

14) 독아론=유아론(唯我論). 실재하는 것은 자아(自我)뿐이고 다른 모든 것은 자아의 관념이거나 현상에 불과하다는 입장을 말한다.

15) 『대화*Dialogues*』로 더 잘 알려져 있는 『루소, 장 자크를 심판하다*Rousseau juge de Jean-Jacques*』는 1772년과 1774년 사이에 집필된 것이다. 이 책은 루소가 가장 비이성적인 상태―정신없는 상태―에서 집필한 책으로, 억압 해방의 방식에 의해 인류에게 남겨주려 했던 책이다. 루소는 이 책을 노트르담 대성당의 제단 위에 놓음으로써 신의 손에 그 운명을 맡기려고 했다. 그러나 성당 문이 잠겨 있었다. 그리하여 이 세상에 호소하려던 그의 노력은 수포로 돌아갔고, 자기 자신에게서 벗어나려던 노력도 물거품이 되었다. 『대화』는 1780년 새뮤얼 존슨Samuel Johnson의 고향인 리치필드에서 발간되었다. 근년에 들어와 이 책은 미셸 푸코Michel Foucault의 관심을 끌게 되었고, 푸코는 이것을 현대에 맞는 판본 형태로 소개했다.

16) "나는 내 마지막 여생을 나 자신에 대한 연구와 나에 관한 대차대조표를 서둘러 작성하는 데 바치리라. 혼신을 다해 내 영혼과 이야기를 나누는 달콤함에 탐닉하리라. 그것만이 타인들이 내게서 빼앗아갈 수 없는 유일한 것이기 때문이다. 나의 내면에 대해 골똘히 성찰해봄으로써 마침내 그것에 더 나은 질서를 부여하고 그것에 남아 있는 악을 바로잡을 수 있다면 내 명

의 차이가 나타난다. "내 시도는 몽테뉴의 시도[몽테뉴의 『수상록』을 가리킨다—옮긴이]와 동일할 것이다. 하지만 나는 그의 시도와 정반대의 목적을 갖는다. 그는 그의 수상(隨想)들을 타인을 위해 썼지만, 나는 내 몽상들을 오직 나 자신을 위해 쓸 것이기 때문이다"(같은 책, I, 1001).

인간은 우선 다른 살아 있는 인간을 멀리함으로써 고독을 손에 넣는다. 다음으로 마음속에 있는 타자를 배제하면서 이기심은 다시 자기애로 바뀐다. 그러나 그것만으로는 충분하지 않다. 이번에는 우리를 에워싸고 있는 대상*objet*의 지배에서, 우리를 대상과 결부시키는 감각*sensation*에서 벗어나야 한다. 루소는 관조(觀照, *contemplation*)의 기쁨을 알고 있었다. 그것은 루소를 인식된 대상과 일체가 되게 하고 "존재들의 체계*système des êtres*"(같은 책, I, 1066) 속에 녹아들게 한다.[17] 그러나 이러한 도취는 우리를 지나치게 외부 세계에 의존하게 한다. 관조를 그만두고, 대상을 배제해야 한다. 몽상*rêverie*이라는 새로운 상태에 들어가기 위해서는 가벼운 인상*impressions*마저도

상은 결코 쓸모없지 않으리라. 비록 이 지상에서 내가 쓸모없는 존재일지언정 나는 남은 날들을 절대로 낭비하지 않을 것이다"(『몽상』, I, 999).
17) "어떤 인간도, 내 육체의 이익에 관련된 어떤 것도 진정 내 영혼의 관심을 끌 수 없다. 나는 나 자신을 망각할 때보다 더 달콤하게 명상하거나 몽상에 젖어본 적이 없다. 이를테면 나는 존재들의 체계 속에 녹아들어가 자연과 완전히 동화됨으로써 이루 말할 수 없는 도취와 황홀경을 느낀다"(『몽상』, I, 1065~66).

떨쳐버릴 수 있어야 한다. "나는 식물학과 식물들에 대해 까마득히 잊고 있었다. [……] 그리고 마음 가는 대로 몽상을 하기 시작했다"(같은 책, I, 1071).

몽상의 상태에 들어가기 위해서는 진정한 수련이 필요하다. 육체와 정신을 올바른 방향으로 인도할 수 있는 기술이 몽상으로 이끌기 때문이다. 이상적인 조건들은 절대적인 휴식이나 갑작스러운 움직임에 대해 같은 거리를 유지할 때 얻어진다. "조용하고 규칙적이며, 절제되고 변함없는 움직임"이 가장 바람직하다. 이를테면 물결치는 대로 흐르는 작은 배가 밀물과 썰물에 가볍게 흔들리는 것처럼 말이다. 그러나 그보다 더 낮은 단계이긴 하지만 산책도 같은 상태로 인도한다. 이전의 달콤한 몽상을 회상하는 것도 마찬가지다. "이것저것 수많은 달콤한 몽상들을 기억해내려 하는 동안, 나는 그것들을 기억해내어 묘사하기는커녕 다시 몽상에 빠져들곤 했다. 그러한 상태는 몽상에 대한 기억이 불러일으킨다"(같은 책, I, 1003).

그러나 밖으로 타자를 내쫓거나 마음속으로 타자를 멀리하고, 대상에 대한 감각을 억제하면 사람들은 무엇을 발견할 수 있는가? 자신에게 가장 고유한 자아란 도대체 어떤 것인가? 우리는 마음속 깊숙한 곳에서 존재에 대한 감정 *sentiment de l'existence* 을 발견한다. 『고독한 산책자의 몽상』의 「다섯번째 산책」이 그것을 가장 분명하게 인식하게 한다. 루소는 그것을 지속이나 연속도 아니며, 쾌락·고통·욕망·근심·대상·감각 등 그 어느 것도 아니라며 아닌 것을 열거한다. 결국 그것은 휴식과 평온의 상태, 시간을 초월한 상태라고 할 수 있다. 이처럼 아무 것도 없이 비어 있는 상태를 만든 후 주체는 스스로 가득 차 있음을 발견한다. 그 행복은 "채워야 할 어떤 공허함*vide*도 영혼에 남겨두지 않는 행복이다"(같은 책, I, 1046). "그러한 상황 속에서 사람들은 무엇을 즐기는가? 자기 밖의 것은 결코 아니다. 오로지 자기 자신과 자신의 존재만을 즐긴다. 그 상태가 지속되는 한 사람들은 신처럼 홀로 충분한 존재이다"(같은 책, I, 1047).[18] 탐구는 여기서 목적을 달성한다. 뛰어난 중화(中和, *neutralisation*) 작업과 자기 성찰*introspection*을 통해 모든 것을 제거한 인간은 자신의 본성*fond*을 발견한다. 그러나 이 본성은 엄밀하게 말하자면 대단한 것이 아니다. 그러므로 주어는 술어와 일치하고 완벽한 동어반복이 된다. 자기 자신이란 바로 자기의 존재 자체를 말한다. 그래서 이상의 것으로부터 휴식이나 평화에 이르는 것이다. 누구보다도 더 큰 관심과 흥미와 정성을 가지고 "인간의 본성과 운명"(같은 책, I, 1012)을 이해하려고 노력한 루소는 마침내 인간의 본성이 바로 자기 자신을 알려고 하는 데 있다는 것을 발견했다. 도달해야 할 도착점은 이

---

18) "어떤 애착도 없는 그러한 존재의 상태는 이 세상에서 끊임없이 우리의 평온함을 방해하러 오는 온갖 관능적인 인상을 떨쳐버릴 줄 아는 사람만이 도달할 수 있는 평안하고 만족스러우며 고귀한 상태일 것이다"(같은 책, I, 1047).

미 달리기 과정 속에 있는 것이다. 그래서 탐구는 움직임의 대상인 목적어를 필요로 하지 않고 주어 자체만의 움직임을 나타내는 자동사(自動詞)가 되고, 몽상으로 변한다. 자기 충족적인 인간은 신과 비슷해진다. 그러나 그 존재는 부재*inexistence*나 완전한 휴식과 마찬가지이다. 이제 더 이상 아무것도 그것을 죽음과 떼어놓을 수 없다.

4. 하나의 불행한 결말

따라서 이것이 인간에게 주어진 제2의 길이다. 인간을 타락으로 몰아넣은 사회 상태의 실패를 딛고 다시 일어서기 위해서 인간은 고독의 개념을 받아들이지 않으면 안 된다. 그러나 사람들은 이와 같은 주장을 명시적으로 표명하는 것에 대해 루소의 입장을 예로 들며 이의를 제기했다. 사람들은 인간의 기본적인 특징인 사회성*socialité*을 포기한 '자연 상태'가 과연 정신적으로 무리가 없이 구성된 것인지 의아하게 생각했다. 루소의 비판자들 또한 이 부분을 놓치지 않았다. 자연 상태란 결국 루소에게 있어 그의 사상을 표명하고 조직하게 한 추상적인 구조물에 지나지 않았다. 그렇지만 이런 이상적인 사회를 신화적인 과거가 아니라 가까운 미래에 위치시켜야 한다면, 상황은 완전히 달라진다. 루소 자신의 말을 상기해보면, 인간은 모두 사회 상태로 옮겨 갔으며, 과거로 회귀하는 일은 불가능하다. 그렇다면 어떻게 필연적으로 사회를 제거해버리는 고독을 이상적인 것으로 승격시킬 수 있을까?

루소는 이런 모든 사실을 알고 있었지만 명확하게 입장을 밝히지는 않았다. 이런 상황을 받아들이길 거부함으로써 혼란을 부추기지는 않았는지 하는 생각이 들 때도 있다. 그렇지 않으면 과거의 인간과 미래의 인간처럼 서로 다른―비록 한쪽이 다른 한쪽을 모방한다 할지라도―개체를 지칭하기 위해 '자연인'이라는 동일한 표현을 사용한 사실을 어떻게 설명할 수 있겠는가? 양쪽을 접합시키려는 배려로 인해 이들을 구분하는 명쾌함이 없어졌다. '사회'라는 말이나 그것에서 파생한 말에도 마찬가지의 모호함이 들어 있다. '사회'라는 말은 자연스럽게 자연과 사회, 고독과 사회 두 가지 대립적인 성격을 지닌다. 그런데 루소는 마치 사회라는 단어의 의미가 언제나 같은 것처럼 사용하고 있다. 그렇기 때문에 '고독에 반(反)하는 사회'에다가 '자연에 반(反)하는 사회'에 모든 악을 부과할 수 있는 것이다. 그렇지만 루소의 관점에서 볼 때도 고독과 고독의 반대인 사회는 사회 상태로 타락하고 난 뒤의 것이며, 자연 상태와는 무관한 것임이 분명하다. 따라서 사회에 대해서 그 반대물인 고독이 겪는 고통을 동일하게 짊어지게 하는 것은 정당하지 않다.

'자연'만 하더라도 항상 변함없이 그대로인 것은 아니다. 우리와 관련된 문제를 예로 들자면, '자연'이라는 단어가 갖는

'기원*origine*'이라는 의미와 '숲*forêt*'이라는 의미 사이에는 어떤 의사소통이 형성되어 있는 것처럼 보인다. 루소는 『고백록』속에서 『인간 불평등 기원론』 집필의 전후 사정을 진술하면서 우리에게 두 의미가 결합되는 과정을 보여준다. "나는 하루 종일 숲 속에 틀어박혀 긍지를 가지고 그 역사를 그려낸 최초 시기의 영상을 찾아보았고, 또 발견했다"(I, 388). 따라서 자연상태는 숲의 경험에 입각해서 그려진 것이며, 숲의 인간이라고 이름 붙여진 사나이는 양쪽의 특징을 다 가질 수 있는 것이다. 숲으로서의 자연은 제1단계에서 기원으로서의 자연에 몇 가지 특징을 빌려주었다. 바로 그것 때문에 제2단계에서는 훨씬 수월하게 꿈꾸던 기원을 현실의 숲 속에서 재발견하고, 상상 속의 '자연인'과 숲의 고독한 산책자, 약초 채집 애호가를 동일시할 수 있었다.

그러나 루소는 이와 같은 동음이의(同音異義)라든가 다의성(多義性)에 속아 넘어간다고는 생각할 수 없을 만큼 강인하고 엄밀한 사상가이다. 그가 저작 속에서 이런 모호함을 예사로이 내버려둔 데에는 필시 사고를 잠시 흩뜨리게 하는 강력한 동기가 있었을 것이다. 그런데 실제로 이런 동기가 존재했다. 그것은 어떤 일을 당했을 때 일시적으로 눈이 부셔 못 보게 되는 것과 같은 성질의 것이다. 루소는 자서전 집필의 시기에 시민과 대립되는 이상(理想)인 '고독한 개인'이 자기 자신이라고 결정하였다. 그는 『대화』에서 그 이유를 자세히 밝히고 있다. 자신을 '자연인'(I, 851; I, 939)이라 칭하면서 그는 자신과 "인간의 원초적 본성"(I, 850) 사이에 등가 관계를 만든다. "요컨대 나[19]는 그의 책 속에서 자연인을 발견한 것처럼, 그라는 인간 속에서 그 책의 인간을 발견했다"(I, 866). "오늘날 그렇게도 왜곡되고 헐뜯기는 자연을 그려내고 옹호한 인물이 자신의 마음속에서가 아니라면 도대체 어디서 그 모델을 발견했을까? 그는 자신이 느낀 대로 자연을 그렸던 것이다"(I, 936).

바로 이것이 루소의 이론적 저작과 사적 저작 사이의 연속성을 확립하도록 만든다. 루소가 묘사한 인간의 길 가운데 하나인 고독한 개인의 길을 더 잘 알고자 할 때, 그의 자전적 작품에 눈을 돌려야 하는 근거—의무라고 해야 할 것이다—가 여기에 있다. 루소 스스로도 이 연속성을 주장했다. "그의 체계가 틀렸을지도 모른다. 그러나 그는 그것을 발전시키면서, 내가 착각하는 것이 불가능할 정도로 특징적이고 믿을 만하게 자기 자신을 정확히 그리고 있다"(같은 책, I, 934).

루소는 자연인이 자기와 비슷해야 한다고 결정한 뒤에, 다시금 재판을 하는 사람이자 동시에 재판을 받은 사람이 되었다. 그 결과 그는 늘 공정한 입장에 서 있으려 하지도 않았다. '자연'과 '사회' 혹은 '자연인'의 두 가지 의미를 이용하려는 자는 논쟁의 결말에 지나치게 관심을 갖는다. 여기서 루소는 친구이

---

19) 『대화』에 나오는 '프랑스인 le Français'이라는 이름의 대담자, 즉 루소.

자 적(敵)인 '철학자들 *philosophes*'의 결함과 유사하면서도 반
대되는 결함을 범하고 있다. 철학자들의 결함은 그들이 옹호하
는 이론을 자신의 생활에서 구현하는 일 따위에는 조금도 관심
이 없다는 것이다. 근대 지식인은 무책임하다. 루소는 말과 행
동, 이상과 현실 사이에 연속성이 있어야 한다고 했다. 이 점에
서 그는 옳았다. 그러나 그는 좀더 멀리 나간다. 그는 양쪽을
일치시키고자 했다. 따라서 현실에 의거하여 이상을 그렸다.
물론 그에게 모델을 제공한 것은 그날그날의 생활이었으며, 그
의 존재였다. 그러나 그는 자기 생활의 반영으로 인해 축소된
현실이 받아들여질 수 없는 것임을 잘 알고 있었다. "존재하고
있는 것을 올바르게 판단하기 위해서는 그것이 어떻게 존재해
야 하는지를 알아야 한다"(『에밀』, I, 836~37). '철학자들'의
위선(혹은 파렴치, 혹은 비양심)을 비난하는 것이 마땅하지만,
그렇다고 해서 반대 진영에 서서 이상과 현실 사이의 거리를 아
예 제거해버릴 필요는 없다. 이상과 현실 사이의 연속성이 양자
의 일치를 의미하는 것은 아니기 때문이다. 이상이 삶을 인도하
지만, 그렇다고 해서 이상이 삶과 뒤섞일 수는 없는 것이다.

어떻든 철저한 고독은 불가능하다. 그런 단순한 이유 때문에
라도 그것은 인간의 이상이 될 수 없는 것이다. 루소가 고독이
라는 이름으로 우리에게 소개하는 것은 상호 보완적인 두 가지
경험, 즉 제한된 '의사소통'과 '자아 탐구'이다.

우리가 앞서 살펴본 것처럼 제한된 의사소통은 고독이 아니

다. 도대체 작가, 즉 타자들의 말들을 다루고, 타자를 대상으로 새로운 구조물을 만들기 위해 인생을 보내는 사람이, 어떻게 고독의 화신이 될 수 있단 말인가? 그는 타자와 끊임없이 의사소통한다. 분명 그것은 간접적인 의사소통이지만 강력한 의사소통이다. 대관절 루소가 작가가 아니라면 그는 무엇인가? 그가 일평생 다른 일을 해본 적이 있는가? 그는 수천 페이지에 해당하는 글을 썼을 뿐 아니라, 그것을 통해 유난히 견고한, 죽음조차 중단시킬 수 없는 의사소통을 확립했다. 이러한 의사소통을 통해 그는 자신의 평판이나 미래의 독자들의 의견을 배려했다. 이러한 배려는 자서전을 쓰는 기간 내내, 그리고 인간들을 혐오한 최악의 시기에서조차 행해졌다. "나는 내가 다른 사람들의 기억 속에 전혀 남지 않을 수 있다는 데 대해 기꺼이 동의한다. 하지만 솔직히 말해서 명예를 더럽힌 채로 기억되는 것에는 동의할 수 없다. 〔……〕 나는 나의 기억을 복원하는 작업이 인간들과 상관없는 것이라고 생각하지는 않는다"(『대화』, I, 953). 자신의 원고를 믿을 만한 사람들에게 맡긴다거나, 그들이 따라야 할 방침에 대해 세세하게 지시를 한다거나, 사본을 여러 부 만들거나 여러 번 주의를 당부하는 사람이 과연 진짜 고독한 사람이겠는가?

우리 모두와 마찬가지로, 루소도 사람들에게 사랑받고 싶어 했으며 타인들과 함께 살고 싶어 했다. 그러나 운명은 그에게 호의적이지 않았다. 두 가지 복합적인 요인이—이 상황에서 어느 것이 더 강하게 작용했는지는 크게 중요하지 않다―그의 앞을 가로막았다. 그것은 루소와 같은 특출한 인간이 불러일으킨 반감과 의심 많은 그 자신의 성격이었다. 그래서 그는 문자언어, 상상으로의 도피, 식물계, 도구나 대상으로 축소된 사람들과 같은 '대리 보충'의 세계에 틀어박히게 된 것이다. 그러나 우리가 알고 있는 것처럼, 루소 역시 대용품이 본래의 것에는 미치지 못한다는 것을 알고 있었다.

그런데 루소는 자기 자신을 바탕으로 자연인을 그리겠다고 정한 뒤에, 이 대용품을 이상적인 것으로 만들려고 했다. 이 때문에 그의 제안은 더 이상 옹호될 수 없었다. 자서전적 탐구에 정당한 모델을 제공한 것이라 하더라도, 정식 절차를 밟지 않고서 인간을 위한 하나의 길, 공통된 하나의 이상이 될 수는 없는 법이다. 공통의 이상이란 사람들에게 이것보다는 저것을 하게 하는 우연이나, 또 그러한 것을 말할 용기를 갖게 하는 우연과는 다른 기준에 따라야 하는 것이다. 이런 관점에서 보면, 루소가 실행한 '대리 보충'은 그 가치가 들쑥날쑥하다. 고독이나 상상에의 도피, 식물들 사이에서의 명상이나 문자언어에 대한 선호는 도덕적으로 중립적인 행위이며, 개인의 자유에 속한다. 그러나 존재의 탈인격화*dépersonnalisation*의 경우는 다르다. 이것은 루소와 루소 주위의 개인들의 관계를 규정하는 것이다. 타자를 자기에 대해 의존적인 존재로만 축소하는 것은 그들을 독립적인 주체로 인정하기를 거부하는 것이며, 인간 사이의 평등한 관계를 포기하는 것이다. 이기주의는 개인의 숙명일 것이다. 그러나 그것이 개인의 이상일 수는 없다.

자아 탐구의 경우, 호수 위에 떠다니는 작은 배를 인간의 길 가운데 하나로 제시하는 것은 곤란하다. 그러나 이러한 자아 탐구에는 누구나 이의를 제기할 수 있는 가치의 등급화가 따르기 마련이다. 타자의 의견을 따르는 일을 일체 포기한 고독한 개인은 '시민적'이든 '인도주의적'이든 어떠한 미덕과도 인연을 끊게 되었다. 루소는 그것이 문제라고 생각하지 않는다. 오히려 그는 "자연의 본능이 미덕의 규칙만큼 순수하지는 않겠지만, 미덕의 규칙보다 더욱 확실한 것임은 틀림없다"(『대화』, I, 864)고 생각한다. 우리 안에 있는 선한 천성*bonté naturelle*이 말을 하도록 내버려두기만 하면 된다. 그 결과는 미덕*vertu* 덕분에 사람들이 얻을 수 있는 결과와 같거나 오히려 더 좋을 수도 있다. 그러나 선함 자체가 인간의 내면에 충분히 있는 것일까? 루소는 자신을 주의 깊게 살펴본 뒤에 선함에 대한 열망을 단념하고, 단순한 욕구 충족이 가져다주는 행복에 만족하게 된다. "나는 내가 처한 상황 속에서 주저 없이 내 성향에 따르는 것 말고는 다른 규칙을 가지고 있지 않다. 〔……〕 지혜조차 내가 능력이 닿는 한 오직 내가 하고 싶은 대로 내게 남은 조그만 힘이나마 나 자신을 즐겁게 해주길 원한다"(『몽상』, I, 1060).

루소는 이러한 태도가 "매우 현명하고 무척 훌륭한 미덕"(같은 책, I, 1061)이라고 생각했다. 그러나 이러한 바람을 지지해 주는 것은 아무것도 없다. 개인은 자신의 성향에 아무런 제약 없이 몸을 맡길 수 있을 때 행복하다고 느낀다. 그러나 사전에 단어의 의미를 수정해두지 않으면 또 다른 형용사들을 자신의 것이라고 주장할 수 없다. 루소는 『고백록』에서 "인간의 유일한 의무는 모든 일을 마음이 지향하는 대로 따르는 것이다"(I, 468)라고 말한 사람이 디드로라고─아마도 정확할 것이다─ 하면서, 그의 이론을 비난했다. 확실히 그 후 루소는 달라졌다. 에밀의 가정교사는 이미 우리를 쾌락의 힘에 따라 행동하려는 일체의 시도에 대해 경계하게 하고 있기 때문이다. "선량하기만 한 사람은 그가 선량함 속에서 기쁨을 느끼는 한에서만 선량할 뿐이다. 선량함은 정념의 충격을 받으면 부서져 사라지기 때문이다. 따라서 선량한 사람은 그 자신에 대해서만 선량할 뿐이다"(『에밀』, IV, 818). "그렇다면 자신의 욕망에 따라서만 행동하는 사람, 하지만 그 마음이 원하는 것에 대해 아무런 저항도 할 줄 모르는 사람이 어떤 죄악에 집착하는지를 누가 내게 가르쳐줄 것인가?"(같은 책, IV, 817). 이 문장에서 루소는 늘 그랬듯이 뛰어난 통찰력으로, 오늘날 우리에게 잘 알려져 있는 길, 즉 욕망을 따르는 기계로서의 인간에게 예정된 길을 고찰하고 즉각 그 위험을 지적한다. 하지만 그 길은 또 『몽상』의 고독한 사람이 가는 길이요, 선과 악을 넘어 강렬한 경험의 숭배로 인도하는 길이기도 하다.

루소에 대해 도덕성이 결여되어 있다고 비난하는 것은 얼마나 어리석은 짓인가? 그것은 바로 『몽상』이 타자를 겨냥한 것이 아니며, 이상을 그린 것도 아니라는 사실을 잊었기 때문에 할 수 있는 것이다. 루소는 자신으로 하여금 이와 같은 선택을 하게 한 예외적인 상황에 대해서 충분히 설명하고 있다. 우리는 그러한 설명으로부터 고독한 개인의 길에 관해서 루소가 알려준 모든 것의 위상을 검토할 수 있을 것이다. 이상(理想)을 저자 자신의 삶과 동일시하는 일은 이제 그만두기로 하자. 이제 한편으로는 부득이한 선택에 지나지 않았던 삶의 방식에 대한 묘사가 남아 있고, 다른 한편으로는 행복을 찾지 못한 인간의 예가 남아 있다. 루소는 고독의 길을 구체화하는 행동의 논리를 상세히 연구했다. 그러한 작업을 통해 그는 단지 개인적 변호의 의도에서 하나의 이상을 만들었다. 그러나 루소는 자신의 의지와는 달리—분명 모르지는 않았을 것이지만—고독한 개인의 길이 행복으로 인도하지 않는다는 것을 보여주었다. 따라서 우리에게 그것을 따르기를 삼갔던 것이다.

제4장 도덕적 개인

1. 제3의 길

출발점으로 되돌아가자. 루소가 설정한 초기의 대립 관계인 자연 상태와 사회 상태의 대립에서 더 높은 가치를 부여받은 것은 전자인 자연 상태이다. 하지만 그것은 이상적인 것에 지나지 않는다. 혹 존재했다 하더라도, 거기로 되돌아간다는 것은 생각할 수도 없다. 후자인 사회 상태는 현실의 것이지만, 그것은 낮은 평가를 받고 있다. 그것은 우리 주변에 존재하는 것과 같은 생활이다. 그러므로 거기에서 나오도록 하는 것이 필요하다. 시민은 제1의 길로 들어섰다. 그는 사회 상태의 실재성을 충분히 인식하고 있다. 인간이 사회적이라는 것은 돌이킬 수 없다. 초기의 이상에 도달하는 것이 불가능하다고 보고, 이번에는 전적으로 사회적인 다른 이상을 만든다. 그러기 위해서는 초기 이상에 대한 열망의 흔적을 모두 지워야 하며, 인간을 완전히 탈자연화시켜야 한다. 이러한 의지적 태도의 결과는, 이미 살펴본 바와 같이, 실망스럽다. 고독한 개인*individu solitaire*은 제2의 길을 선택한다. 그는 '자연인'의 이상을 전부 간직하고 있다. 자연 상태로 돌아가기 위해서 홀로 사는 것만으로도 족하다고 생각한다. 그 결과 인간의 사회성을 내버려두고 문제삼지 않으면 안 되는 처지가 된다. 그러나 이와 같은 맹목성을 가지고는 영속적인 행복에 도달할 수 없다. 두 가지 길 모두 사람이 나아가는 것을 주저하게 하는 위험이 도사리고 있기 때문이다. 그리고 루소는 조심스럽게 제1의 길을 경계하게 한다. 또 때로는 자신의 뜻과 반대로, 제2의 길이 논리적으로 모순이라는 점도 이야기한다.

문제는 결국 '인간의 현실(인간의 사회성)과 그 이상(인간의 자연성 *naturalité*)을 양립시키려면 어떻게 해야 하는가?'이다. 두 가지 가운데 어느 하나를 배제하면, 그때마다 난관에 봉착하기 때문이다. "만일 모순들을 제거함으로써 인간이 계획하는 그 이중의 목표가 혹시라도 하나로 통일될 수 있다면, 이것은 인간의 행복을 방해하는 커다란 걸림돌을 제거하는 일이 될 것이다"(『에밀』, IV, 251). 루소는 두 가지 상반되는 것의 조화, 즉 사회적 현실 속에 자연적 이상을 포함시키는 작업을 『에밀』— 루소는 이 작품을 자신의 작품을 집대성한 것이라고 보았다[1]—에서 시도하게 된다. 체계적인 개론이 시민의 길을 기술

---

1) 『에밀』은 루소가 자신의 저서 중 '최고의 걸작'이며 가장 중요하게 여겼던

하기에 적합한 형식이고, 자서전이 고독한 개인의 길을 기술하기에 적절한 형식인 것으로 드러났듯이, 도덕적 개인*individu moral*을 그려내는 데 적합한 하나의 특별한 문학 장르가 있다. 『에밀』은 여러 가지가 뒤섞여 있는 작품이다. 개인적인 동시에 비개인적인 작품이며, 가상의 이야기인 동시에 성찰*réflexion*이다. 『에밀』은 사회 한가운데에서의 이상적—루소의 용어에 따르면 '자연적'—인간의 형성을 논한 것이다. "자연의 인간을 길러내기를 원한다고 해서 그를 미개인으로 만들어 깊숙한 숲 속으로 쫓아 보내서는 안 된다"(같은 책, IV, 550). [2] "자연 상태에서 사는 자연인과 사회 속에서 사는 자연인 사이에는 큰 차이가 있다. 에밀은 아무도 살지 않는 광야로 보낼 미개인이 아니다. 그는 도회지에서 살도록 만들어진 미개인이다"(같은 책, I, 483~84). 고

작품이다. 이 작품은 그의 말에 따르면 "20년의 성찰과 3년의 작업"을 치르게 했다. 실제로 루소는 1740년 리옹에서 가정교사로 일한 이래 교육의 문제에 대해 깊이 생각했고, 정확하게 20년 뒤인 1760년에는 1천 쪽에 달하는 이 작품의 원고를 탈고했다.

2) "자연의 인간을 길러내기를 원한다고 해서 그를 미개인으로 만들어 깊숙한 숲 속으로 쫓아 보내는 것이 아니라, 사회에서 정념에 의해서도 타인의 견해에 의해서도 끌려 다니지 않고, 자기 눈으로 보고 자기 마음으로 느끼며, 그 자신의 이성의 권위 말고는 어떤 권위도 그를 다스리지 않는 것으로 충분하다는 것을 먼저 생각하라. [……] 숲 속에서는 어리석게 남아 있을 것이 틀림없을 인간도, 도시에서는 단순히 구경만 한다 해도 분별 있고 지각 있는 인간이 될 것이다. 무분별한 짓일지라도 거기에 가담하지 않고 보는 데만 그치면, 그보다 더 인간을 현명하게 만드는 데 적합한 것은 없다"(같은 책, IV, 550).

독한 개인이 혼동하는 경향이 있던 '자연인'이라는 표현의 두 가지 의미는 여기서 확실히 구별되어 있다.

인간의 제1의 길은 마치 강한 전류처럼 '전적으로 사회적인 것 *tout social*'으로 인간을 인도했다. 단어 본래의 의미를 그대로 받아들인다면, '사회주의'로 가는 길이라고 말할 수 있을지도 모른다. 제2의 길은 '전적으로 개인적인 것 *tout individuel*' 속에 인간을 가두려 했다. '개인주의'로 가는 길이었다고 할 수 있다. 제3의 길은 루소에게 있어 특별한 이름을 가지고 있지 않다. 루소가 묘한 친밀감을 가지고 있는 몽테스키외 Montesquieu 에 대한 존경의 표시로 이것을 중도(中道, *modération*)의 길이라 불러도 좋을 것이다. 몽테스키외는 권력의 분배에 있어 일종의 혼합 형태의 정부 유형을 이렇게 부른 바 있다.[3] 루소는 비록 통일성 *unité*을 꿈꾸었지만 있는 그대로의 자신을 볼 줄도 알았다. 그는 『프랑키에르에게 보내는 편지 *Lettre à Franquières*』에서 자신을 '혼합의 존재 *Moi être mixte*'라고 적고 있다. 루소가 만든 인물 에밀도 개인적 차원에서 볼 때 이러한 혼합의 결

---

3) 몽테스키외는 "일체의 권력을 지닌 자가 그것을 쉽게 남용하게 된다는 것은 항상 경험해온 바이다"라는 인식 아래 '삼권분립론'을 주장했다. '권력으로써 권력을 견제하는 장치'가 필요하다고 생각했기 때문이다. 그는 사회적 힘의 균형에 대해 언급하면서 정치 질서의 목표는 여러 권력의 균형, 즉 프랑스나 영국 왕정에 있어서는 국민·귀족·왕의 균형, 로마 공화정에 있어서는 국민과 특권 계급, 평민과 귀족의 균형을 통해 권력의 중도(中道)를 보장하는 것이라고 주장했다.

과물이라고 할 수 있다. 이제 더 이상 인간을 탈자연화하려 하지 않을 것이고, 인간의 본성을 실재하는 사회에 조화롭게 맞출 것이며, 또한 이러한 삶을 이상적인 것으로 만들 것이다.

따라서 루소가 여기서 사회 현상과 개인의 관계를 고찰하는 것은 전혀 다른 방법에 의한 것이다. 무엇보다 중요한 것은, 개인으로서의 인간은 선택권이 없다는 사실을 이해하는 것이다. "자연의 상태로부터 벗어남으로써 우리는 다른 사람들에게도 자연의 상태로부터 벗어나도록 강요하는 것이다"(『에밀』, IV, 467). 만약 사회 속에서 마치 사회가 존재하지 않는 것처럼 살고 싶다고 고집한다면, 다시 말해서 고독을 선택한다면 그는 실패를 면할 수 없다. "누구와도 관계를 맺지 않고 자급자족하면서 고립된 존재로 살고자 하는 사람이 있다면 그는 비참할 수밖에 없을 것이다"(같은 책, IV, 467). 여기서 우리가 알 수 있는 것은 루소가 근본적으로 다른 두 가지 고독, 즉 자연 상태에 고유한 고독과 사회 속에서 경험하는 고독을 혼동하지 않겠다고 결심한 순간부터 그 두 가지를 혼동하는 일이 전혀 없었다는 것이다.

사회에서—따라서 도처에서—자급자족하는 존재는 불행하다. 오직 신(神)만이 행복한 자급자족적 존재이다. 그러나 인간은 신이 아니다. "신만이 절대적인 행복을 향유한다. 도대체 우리 가운데 누가 그 절대적인 행복에 대한 관념을 가지고 있겠는가? 어떤 불완전한 존재가 자기 자신만으로 만족할 수 있다면, 우리의 관점에서 볼 때, 그는 무엇을 향유할까?"(같은 책,

IV, 503). 루소는 고독한 개인의 관점에서 도시의 부정적 측면만을 보았다. 그러나 중용의 인간 *homme modéré*에 대해 생각할 때에는 도시의 매력이 어디에 있는지를 완벽하게 이해한다. "만일 각자가 자급자족하는 데에 만족한다면, 자기 자신을 먹여 살릴 수 있는 지역만 알면 될 것이다"(같은 책, IV, 831). 미개인이 행하는 것은 바로 이런 것이다. "하지만 우리에게는 개화한 생활이 필요하며, 다른 인간을 해치지 않고는 더 이상 살아갈 수 없다. 따라서 살기에 가장 좋다고 여겨지는 곳으로 가는 것이 이익이 된다. 그것이 바로 모든 사람이 로마나 파리나 런던으로 몰려드는 이유이다"(같은 책, IV, 831).

『대화』의 한 구절은 사회성에 대한 이러한 다른 해석을 뒷받침해준다. 그것은 고독에 대한 루소의 개인적 취향을 기술하고 있는 부분이니만큼 더욱더 생생하다. 하지만 그렇게 하지 않더라도 루소는 자신의 삶의 특수성과 인간에 대한 그의 이상을 완벽하게 구별하였다. 그는 다음과 같이 적고 있다. "절대적인 고독은 자연에 반(反)하는 슬픈 상태이다. 애정 어린 감정은 영혼의 양식이 되고, 사상의 교류는 정신에 활기를 불어넣기 때문이다. 우리의 가장 유쾌한 존재 방식은 상대적이고 집단적인 것이다. 우리의 참된 '자아'는 전적으로 우리 안에 있는 것이 아니다. 인간이라는 것은 결국 이 세상에서 그렇게 만들어져 있기 때문에, 타인의 협력 없이는 자아를 충분히 향유하는 데 결코 이르지 못하는 것이다"(I, 813).

고독은 자연 상태에 반하는 것이 아니라 현실에 존재하는, 말하자면 사회에 존재하는 인간의 본성에 반하는 것이다. "미개한 상태에서의 자연적인 것과 사회 상태에서의 자연적인 것을 혼동하지 말아야 한다"(『에밀』, IV, 764). 『고독한 산책자의 몽상』은 타자들이 자아 속에 언제나 있다는 것을 우울하게 상기시키고 있다. 『에밀』에서 루소는 오히려 행복감에 젖어 자아의 일부는 타자 속에 있다고 단언한다. 우리의 행복은 사회적 인간의 행복이라는 것이다. 이기주의적 관점에서조차 타자는 우리에게 없어서는 안 될 존재이다. 사회는 부득이한 해결책이나 '대리 보충'이 아니다. 사회는 그것 없이는 존재할 수 없는 여러 가지 성질의 생성 원인이다. 그리고 의사소통도 그 자체가 미덕이다.

2. 가정 교육

루소는 자연과 사회의 단절을 메우기 위해서 화해의 방법을 제안한다. 그는 그것을 가정 교육이라고 부른다. 시민 교육과는 크게 다른 것이다. 시민 교육은 사회의 이익을 목표로 하며 집단에 호소하는 것이다. 가정 교육은 개인의 향상을 목표로 하며 개인에게 호소하는 것이다. 그러나 인간이 사회생활을 하고 있으므로, 이러한 향상은 바로 사회생활을 준비하는 데 있다. "인간과 시민에게 가장 필요한 기술," 따라서 인간이 후에 무엇을 선택하든지 상관없이 필요한 기술은 "자기와 같은 사람들과 함께 사는 방법을 아는 것이다"(『에밀』, IV, 655). 그러나 불행하게도 널리 시행되고 있는 교육은 이러한 것이 아니다. "사람들은 사회를 위해 교육한다고 한다. 그런데 그들은 마치 우리가 각자의 독방에서 홀로 사색하면서 일생을 보내야 하는 것처럼 우리를 가르친다"(같은 책, IV, 543). 『에밀 또는 교육론Émile ou de l'éducation』이 개선해야 하는 것이 바로 이런 결핍이다. 따라서 이 책은 교육자를 대상으로 하는 교과서라기보다 오히려 교육의 원리에 관해 고찰한 책이라고 할 수 있다.

루소가 자연 상태와 사회 상태의 긴장 관계를 극복하기 위해서 발견한 수단은 결국 아주 간단한 것이다. 루소는 교육의 두 가지 큰 단계를 상정한다. 그리고 각각의 단계에서는 상반된 두 가지 항terme 가운데 하나를 강조한다. 첫번째 단계를 루소는 '소극적 교육éducation négative'[4]이라 부른다. 우리는 이것을 '개인 교육éducation individuel'이라 불러야 한다고 생각한다. 이 단계는 탄생에서 '철드는 시기'인 열다섯 살 무렵까지

---

4) 소극적인 교육(IV, 323)은 물론 적극적인 교육으로 옮겨 가야겠지만, 어떻든 소극적인 교육은 『에밀』이 주장하고 가르치는 요점이기도 하다. 『보몽에게 보내는 편지』에서 루소는 소극적인 교육을 이렇게 설명하고 있다. "소극적인 교육이란 우리의 지식 획득 도구인 기관들을 연마하는 것을 목표로 삼는 교육을 말합니다. 그 교육은 감관의 훈련을 통해 이성에 대비시키지요."

다. 두번째 단계인 사회 교육의 단계는 이 무렵에 시작해서 죽을 때까지 계속되는 것이다. 첫번째 단계의 목적은 우리 안에 있는 '자연인'의 발달을 도와주는 것이다. 두번째 단계의 목적은 다른 인간들과의 생활에 우리를 적응시키는 것이다. 첫번째 단계에서 에밀은 "자기 자신과 관련된 모든 것"을 배우며, 두번째 단계에서는 여러 가지 '관계들'을 알고, '사회적인 미덕'을 획득한다(같은 책, IV, 488). 자연인은 사물과의 관계들밖에 알지 못하는데, 시민의 이상은 인간과의 관계들을 그러한 상태로 되돌려놓는 것이다. 이것이 바로 첫번째 교육 단계의 원칙이다. 그러나 두번째 단계는 다르다. "인간은 자신을 육체적인 존재로밖에 인식하지 못하는 동안 사물과의 관계를 통해 연구되어야 하는데, 그것은 유년기의 일이다. 또한 인간은 자신을 도덕적인 존재로 의식하기 시작할 때 다른 인간과의 관계를 통해 연구되어야 한다. 이것은 우리가 지금 이 시기에서 시작해 전 생애에 걸쳐 해야 하는 일이다"(같은 책, IV, 493). "아이는 인간을 관찰할 수 있을 때까지 먼저 사물을 관찰해야 한다. 하지만 어른은 자기와 같은 인간을 관찰하는 것부터 시작해야 한다. 그리고 나서 시간이 있으면 사물을 관찰해도 좋다"(같은 책, IV, 832).

따라서 개인 교육은 무엇보다도 육체적 존재를 대상으로 행해져야 할 것이다. 그것은 시각과 청각, 촉각 등의 감각 *sens*을 훈련하고 신체 기관들을 연마하는 것을 돕는다. 개인 교육은 물리적 차원에서 아이를 독립적으로 만들고자 한다. 이것은 '어린애처럼 만들기'와는 반대되는 것이다. 어린이가 자신의 의지를 실현하기 위해서 "자신의 힘 이외에 타인의 힘을"(같은 책, Ⅳ, 309) 필요로 하게 해서는 안 된다. 이러한 독립성은 고독한 시민의 이상인 자급자족과는 분명히 다르다. 자급자족은 어른들의 생활 목표이며, 또 육체보다는 도덕과 더 관련이 있다.

어린이는 교육자가 아낌없이 주는 지식 이외에도 많은 지식을 받아들이는 물탱크이다. 그래서 이러한 개인적 작업의 상당한 부분을 다른 인식이나 요구가 자리 잡지 않도록 만들기 위해 따로 남겨두어야 한다. 루소가 이러한 교육을 '소극적'이라고 부르는 이유는 바로 이것 때문이다. (아직 철이 들기 이전이기 때문에) 사회적 관계나 도덕적 성질 또는 정신의 추상적 조작에 관심을 두는 것은 쓸데없는 짓이다. 아이에게 책을 권하는 것도 쓸데없는 짓이다. 유일한 예외는 의미심장하게도 『로빈슨 크루소*Robinson Crusoe*』인데, 이 소설의 주인공은 그의 섬에서 '자연인'으로 살았기 때문이다.[5]

---

5) 로빈슨 크루소는 그의 섬에서 동료의 도움도 없이, 어떤 기술이나 도구도 없이 혼자서 자신의 생계와 자기 보존에 필요한 것을 마련한다. 그는 거기에서 그치지 않고 그곳에서 어떤 안락함까지 느낀다. 그런 상태는 사회적 인간의 상태가 아니다. 하지만 "편견을 극복하고 사물의 진정한 관계를 판단하는 가장 확실한 방법은 고립된 사람의 위치에 자신을 놓아보는 것이며,

만약 이와 같이 자립적 발달을 도와주고 사회적 압력을 늦춘다면 진실성을, 즉 자기 자신과 얼마간 일관성을 가지는 인간을 길러내는 데 기여할 것이다. 에밀이 "자기 눈으로 보고 자기 마음으로 느끼며 그 자신의 이성의 권위 말고는 그 어떤 권위도 그를 다스리지 못하도록"(같은 책, IV, 551) 해야 할 것이다. 에밀이 피하는 법을 배워야 할 것은 사회성이 아니라, 세상의 여론에 맹종하는 일이다. 즉 그 기준이 끊임없이 변한다 할지라도 늘 현재의 기준에 일치하는 행동을 하고 싶다는 욕구, 또는 대중이 그에 대해 내리는 판단을 염려하는 태도('사람들이 뭐라고 말할까') 등을 피해야 한다는 것이다. 사회성이 허영이 되어서는 안 되는 것처럼 고독도 이기주의가 되어서는 안 된다. 이와 같은 정신으로 교육받은 사람은 "유행이나 편견의 법칙에만 기인하는 독단적인 평가들에 대해서는 마음을 쓰지 않고"(같은 책, IV, 670) 행동할 것이다. 한마디로 말하면, 그러한 사람은 언제나 권위—그 권위가 정치든 사회든 가족이든 어디에서 나오든, 또는 공공연한 것이든 은밀하게 행사되는 것이든 간에—보다 이성이나 이성이 표명할 수 있는 판단에 호소하는 것을 더 좋아할 것이다. 하지만 인간은 이와 같이 이성의 순전히 개인적인 작용에 의해 인류와 의사소통한다.

모든 일에 대해 유용성을 기준으로 스스로 판단해보는 것"이기에 그 소설은 이 시기의 아이에게 오락거리인 동시에 좋은 교육거리가 된다.

3. 지혜

그러나 이와 같은 개인의 양성으로는 가정 교육은 아직 절반
밖에 이루어지지 않았다고 할 수 있다. "에밀은 언제까지나 외
따로 살지는 않을 것이다. 사회의 구성원으로서 사회의 의무를
이행해야 한다. 그는 사람들과 함께 살도록 태어났으므로 사람
을 알아야 한다"(『에밀』, IV, 654). 바로 이 두번째 단계, 사회
교육이야말로 가장 중요한 것이 된다. "지금까지 우리의 보살
핌은 어린애 놀이일 뿐이었다. 지금이 정말 중요하다. 통상적
인 교육이 끝나는 이 시기가 그야말로 우리의 교육이 시작되어
야 하는 시기이다"(같은 책, IV, 490).

두 가지 유형의 교육이 필요한 이유는 인간의 행위가 두 가지
시험을 통해 검증되고, 각기 다른 가치를 지닌 두 가지 척도에
의해 판단되어야 하기 때문이다. 첫번째 시험은 개인 교육이
준비하는 것으로, 우리 행동의 진실성과 관련된 것이다. 가장
훌륭한 행동이란 우리의 모든 존재와 완벽하게 들어맞고, 그
정도가 가장 강력한 상태에까지 도달하는 것이다. 여기서 판단
의 기준은 각 개인의 내부에 존재한다. 그리고 그것이 고독한
개인이 알고 있는 유일한 기준이다. 이와 같은 특성은 필요한
것이지만 충분한 것은 아니다. 악인도 자기 자신과 완벽하게
일치할 수 있으며 진실할 수 있기 때문이다. 악인도 악을 수행

하는 과정에서 악이긴 하지만 강력한 상태를 실현할 수 있다. 바로 여기서 두번째 시험이 개입한다. 이것은 사회 교육이 준비하는 것이다. 이제 행위는 만인에게 공통되는 초월적 기준에 부합되어야 한다. 선과 악, 곧 도덕의 학습이며 그것은 인간 상호 간의 관계의 맥락에서만 이루어져야 한다.

루소가 결코 바꾼 일이 없었던 이론이 있다면 그것은 바로 다음의 것이다. 자연 상태에서는 인간들 사이의 의사소통이 없었기 때문에, 인간은 미덕과 악덕을 구별할 줄 몰랐을 것이라는 것이다. 따라서 정의의 감정이라는 것을 모르며 도덕도 없었다. 그래서 그 상태에서 인간은 아직 완전한 인간이 아니었다. "육체적 본능만을 따르는 형편없는 존재이며, 동물처럼 어리석었다"(『보몽에게 보내는 편지』, IV, 936). 오직 인간 상호 간의 만남만이 이성을 발달시키고, 또 그것에 입각한 도덕의식을 발달시킨다. 인간은 "사회적이 됨으로써 도덕적인 존재가 되는 것이다"(「정치 단상」, III, 477). 그 점에 관해서 어떤 판단을 내려야 할지는 의심의 여지가 없다. 자연 상태에서 사회 상태로의 변화는 "어리석고 무지한 동물을 지적인 존재이자 인간으로 만들어준 행복한 순간"(『사회계약론』, III, 364)이었다.

그런데 교육의 두 단계는 인간의 두 가지 상태에 대응하고 있다. 첫번째 단계에서는 고립된 존재와 그 신체적 능력을 강조했다. 따라서 이성이나 도덕에 대한 모든 호소를 배제해야 했다. 두번째 단계에서 인간은 사회적 관계를 배우고, 이성을 획득하면서 "참된 인간이자 자신의 동류와 일원이 되게 하는 선악의 개념"(『에밀』, IV, 501)을 발견하게 된다.

그러나 첫번째 단계 교육의 이상이 고독한 개인이 아니었듯이, 사회 교육도 루소가 말하는 의미의 시민을 만드는 것이 목표는 아니다. 제3의 길은 두 가지 교육에서 유래하는 요소들을 기계적으로 덧붙인다고 해서 얻어지는 것이 아니다. 루소가 말하는 인간 사회는 가장 넓은 의미로 받아들여진 것이다. 그것은 하나의 국가가 아니라 인류 전체의 사회라는 의미에서이다. 소크라테스와 카토의 비교를 상기해보자. 세계 전체의 주민인 소크라테스는 도덕적 미덕과 지혜의 화신이었다. 반면 애국자인 카토는 위대함 또는 시민적 미덕의 화신이었다. 에밀의 목표는 마찬가지로 '지혜의 나이 l'âge de sagesse' [6] (『에밀』 초고 서문, IV, 60)에 도달하는 것이었다.

미덕이나 도덕은 단지 사회에서만 존재하며, 또한 타자의 존재를 고려함으로써만 존재한다. 그것을 규정하는 것은 동일한 태도를 인류 전체에 확대할 수 있느냐 없느냐이다. 즉 도덕적

---

6) 루소에 따르면 대략 15세부터 사춘기가 시작되며 사춘기를 경계로 아동과 성인의 시기가 구별된다. 아동은 육체적 존재이고 사회적 감정으로부터 고립되어 있는 존재이며 외적 자연, 즉 사물과의 관계로만 맺어져 있다. 인생에서 가장 비판적 시기인 사춘기를 지나면 인간관계 속에서 자신을 알게 되는 정신적 존재가 된다. 이와 같은 변화를 루소는 제2의 탄생이라고 부른다. 에밀은 이 시기부터 문학을 접하면서 세계에 대한 동정심과 이해를 넓히고, 사회관계를 연구하고 사회 조직과 제도를 학습한다.

이라는 것은 보편화할 수 있다는 것이다. "우리가 보살피는 대상이 우리 자신과 직접적인 관련이 적을수록 개인적인 이익의 환상을 덜 두려워하게 된다. 그 이익이 일반화되면 일반화될수록 그것은 공정해진다. 그리고 인류에 대한 사랑이란 우리 내부에 있는 정의에 대한 사랑에 다름 아니다"(『에밀』, IV, 547). 자기를 탐구하는 것보다 자기를 잊는 것이 인간에 대한 지혜의 원천이 된다는 것이다. "자신의 배려가 타인의 행복에 기여할수록 에밀은 더 견식 있고 현명해질 것이다. 또한 그는 선과 악에 대한 판단에서 틀리는 일이 적어질 것이다"(같은 책, IV, 547~48). 바로 그런 이유로 사부아의 보좌 신부[7]는 선한 사람과 이타주의자를, 악한 사람과 이기주의자를 동일시한다. "선한 사람은 전체를 위해 자신의 질서를 바로잡고, 악한 사람은 자신을 위해 전체의 질서를 바로잡는다. 후자는 자신을 모든 것의 중심이라고 생각하며, 전자는 자신의 반경을 가늠하여 원주 위에 매달려 있다"[8](같은 책, IV, 602). 그리고 시민이 외국

---

7) 『에밀』의 제4부는 열다섯 살부터 스무 살에 이르는 시기의 교육을 다루고 있다. 열여덟 살에 에밀은 이탈리아의 포 강이 내려다보이는 언덕에서 「사부아 보좌 신부의 신앙 고백」을 통해 종교에 대한 교육을 받는다. 그 종교는 우주의 조화와 양심의 소리에 바탕을 둔 자연 종교(이신론)이다. 선과 악의 문제, 양심의 문제 등이 그 고백에서 다루어진다. 양심은 인간의 진정한 안내자로서, 영혼에 대한 양심의 관계는 신체에 대한 본능의 관계와도 같다. 양심을 따르는 자는 자연에 복종하는 자이며, 길을 잃지 않을까 전혀 두려워하지 않아도 된다고 말한다.

인과—그리고 고독한 개인은 모든 사람들과—한데 섞여 사는 것을 피하려 하는 데 반해, 도덕적 개인은 자신의 조국 밖으로 여행을 떠나게 된다. 그것은 "우리에게 어떤 지배력을 행사하게 될 국민적인 편견에 예속되지 않게 해줄 훌륭한 예방책이기도 하기"(같은 책, IV, 855) 때문이다.

루소의 견해 속에서 이러한 보편주의적 태도는 그리스도교와 결부되어 있다. 예수 그리스도가 소크라테스의 입장이 되어 출현했다고 한 말을 기억하고 있는지 모르겠다. "자연권이라든지 만인에 공통되는 우애라든지 하는 건전한 관념은 상당히 늦게 퍼진 것이며, 이것이 충분히 일반화된 것은 오로지 그리스도교의 덕택이라고 말해도 좋을 만큼, 세계 속에서 아주 완만히 진행되었다"(『사회계약론』 초고, III, 287). 보편적 종교인 루소의 유신론(有神論)은 "인류를 위해 만들어진 도덕 *morale faite pour l'humanité*"(『보몽에게 보내는 편지』, IV, 969)과 "모든 사람들에게 공통되는 일반적 원리들"을 열망하고 있다.

도덕적 개인은 시민이 아니다. 그렇다면 도덕적 개인은 시민적 이상과 관련하여 어떻게 자리 매김될 수 있을까? 우선 루소는 도덕적 개인에게 신중함과 참을성을 권한다. 우리가 지금 살고 있는 나라의 규범을 바꾸지 않고 그 규범을 따른 연후에야

---

8) 선한 사람은 중심이랄 수 있는 신(神)을 향해 자신의 반경을 재고 있다는 의미이다.

우리는 자신과 관련된 모든 상황 요소들을 파악할 수 있다. 모든 변화는 그 자체로 나쁜 것이며, 변화를 시도하는 것은 최후의 수단이다. 따라서 첫번째 반응은 보수주의자의 것이라 할 수 있다. 그러나 조금씩 인간은 자신이 살고 있는 정치 체제를 깊이 있게 알게 된다. 그러기 위해서는 절대적인 척도를 가져야 한다(존재 의무는 존재에 선행하게 된다). 우리는 『에밀』 바로 전 저작인 『사회계약론』―이 책의 내용은 『에밀』 안에 요약되어 있다[9]―에서 그것을 발견할 수 있다. 우리는 여기서 이상적 도시에 대한 고찰의 기능을 이해하게 된다. 그것은 행동의 계획이 아니라 분석의 도구인 것이다. "먼저 정치적 권리의 참된 원리를 세우는 일이 중요하다는 것을 명심하라. 우리의 기초가 놓여졌으니, 이제 사람들이 그 위에 무엇을 세웠는지를 보러 가자"(『에밀』, IV, 849).

현실의 정치 체제들 가운데 『사회계약론』의 도식에 부합하는 것은 결코 없을 것이다. 그러나 벗어나는 것에도 정도의 차이는 있으며, 바로 그것들이 제도에 대한 도덕적 개인의 태도를 결정하게 될 것이다. "만일 개인의 이익이 일반 의지처럼 그를 보호해주었다면, 공적인 폭력이 개별적인 폭력들로부터 그를 지켜주었다면, 그가 보았던 악이 그로 하여금 선을 좋아하도록

---

9) 『에밀』의 제4부에 있는 정치학에 관한 내용들을 루소는 『사회계약론』에서 더 확장시켜 설명하고 있다. 그런 의미에서 『사회계약론』은 『에밀』의 '증보'라고 불리기까지 한다.

만들었다면, 그리고 우리의 제도가 그에게 제도 자체의 부당함을 알게 하고 증오하게 했다면, 사회계약이 지켜지지 않았다 한들 그게 무슨 문제이겠는가?"(같은 책, Ⅳ, 858). 고독한 개인과는 달리 도덕적 개인은 자신이 사는 나라의 제도에 대해 무관심하지 않다. 그러나 그는 그것에 대해서 완벽하기를 요구하지는 않는다. 그는 현실 대신에 이상을 구하는 짓은 하지 않는다. 그는 나라의 제도가 그를 자유롭게 하는 것을 기대하지도 않는다. 자유를 획득하는 것은 그 자신의 문제이다. 그렇지만 그는 나라의 제도에 대해 최소의 것, 즉 그가 '평온하게' 살 수 있도록 개인적 폭력으로부터 그를 보호하고 보장할 것을 요구한다. 만약 하나의 사회가 그 구성원의 비판 정신의 발전을 허용한다면 그 사회는 받아들일 만하다(그렇다고 해서 이상적이라는 것은 아니다). 다시 말하면 그 사회가 지상의 낙원이라고 구성원에게 억지로 주장하도록 시키기보다 이상과 현실을 구별하는 것을 허용한다면 그 사회는 받아들일 만하다고 해야 할 것이다. 인간이 선(善) 속에 안주하고 있다는 것은 환상일 뿐이다. 그러나 그것을 자신의 행위의 기준으로 삼을 수는 있다. 우리는 여기에서 사회생활에 관한 루소의 사상이, 때때로 그에게 책임을 지우려고 하는 전체주의적 프로그램에서 얼마나 멀리 벗어나 있는지 알 수 있다. 개인이 저항이나 망명에 의해서 그 사회를 거부하는 것은 단지 이러한 최소한의 자유가 보장되지 않는 경우에 한해서이다.

따라서 도덕적 개인은 사회 속에서 살 것이다. 그러나 하나의 사회에 완전히 종속되는 짓은 하지 않을 것이다. 그는 자신의 국가를 존중하지만 인류를 위해 몸을 바칠 것이다. 그러나 앞서 살펴본 것처럼, 세계의 반대편에 있는 알지 못하는 고통받는 국민들을 위해서가 아니라, 가까이 있는 사람들을 위해서 말이다. 도덕적 개인이 자신의 보편적 정신, 즉 자신의 미덕을 발휘하는 것은 다른 개인들과의 관계 속에서이다. 그러므로 에밀은 정치가가 되지 못한다. 그는 결혼을 하고 가까운 사람들을 사랑할 것이다. 그러나 부부의 이상은 고독한 개인의 경우처럼 완전한 융합*fusion*이 아니며, 타인의 소멸이 아니다. "개개인은 언제나 자신의 육체와 포옹의 주인으로서 자신의 의지에 따라서만 그것들을 상대방에게 주는 권리를 가져야 한다"(같은 책, IV, 863). 개개인은 그 의지를 자유롭게 간직하며, 타자는 완전한 권리를 가진 전혀 다른 하나의 주체이다. 이러한 주장은 루소가 성(性)의 평등에 반대하는 만큼 주목할 만한 것이다.

위에서 언급한 것들이 인간에게 열린 제3의 길, 즉 도덕적 개인의 몇 가지 특징들이다. 루소 스스로 항상 그 길을 따르지는 않았지만 이것은 그가 전적으로 권장하는 유일한 길이다. 이것이 자동적으로 행복으로 인도하는 길은 아니다. 그리고 행복으로 인도하는 경우에도 그 행복에는 절대적 확신이나 결정적 안식이라는 것은 없다. 그 길은 좋은 사회성을 실천하는 것을 목적으로 한다. 그리 대단한 것은 아니지만 아마도 그것은 인간이 도달할 수 있는 모든 것일 것이다. 루소가 말한 것처럼, 인간은 자신의 악의 본성 자체로부터 약*remède*을 추출한다. 그 결과 인간은 인간의 조건에 한층 순응하게 된다. 루소는『에밀』에서 다음과 같이 적었다. "인간을 사회적인 존재로 만드는 것은 바로 그 약함이다. 우리의 마음에 인간애를 갖게 하는 것은 우리 모두가 공유하는 바로 그 비참함이다." 그리고 다음과 같이 덧붙였다. "그처럼 우리 자신의 나약함으로부터 우리의 덧없는 행복은 생겨난다"(같은 책, Ⅳ, 503).

부록

장 자크 루소와 휴머니즘 전통

대부분의 위대했던 서구 작가들과 마찬가지로 장 자크 루소 또한 전 방위의 장르들을 쉼 없이 넘나들었던 작가이다. 또한 루소만큼 독자층의 양극화 현상이 뚜렷한 경우도 흔치 않다. 그의 이름조차 외면할 정도로 싫어하든가, 쿠바의 카스트로Fidel Castro처럼 평생 정신적 지주로 떠받드는 이들이 공존하고 있기 때문이다. 이러한 루소의 작품들 속에서 모든 사람들이 무엇보다 먼저 떠올려볼 수 있는 장점 중의 하나는 프랑스를 대표하는 그의 탁월한 산문 예술과 문장력이다. 일테면 『인간 불평등 기원론』에서는 — 카프카Franz Kafka의 표현을 빌리자면 — 마치 한 자루의 도끼로 얼어붙은 호수를 쪼개 나가듯 격렬하게 터져 나오는 문장들과 맞닥뜨리게 된다면, 『고독한 산책자의 몽상』에서 새어 나오는 들릴락 말락한 중얼거림과 극도로 정제된 표현들은 그 대칭을 이루고 있다. 또한 자아 *moi*에 대한 비밀스러운 탐구자, 최초의 자서전적 탐구자로서의 그의 글쓰기는 사후 이백 년이 지나도록 끊임없이 복제되고 모방되었다. 하지만 이곳에서 무엇보다도 주목하고 싶은 것은 루소가 인간 조건의 사상가, 그리고 그 명료함과 냉철함으로 독자를 경악의 지경까지 몰고 가는 사상가라는 점이다.

루소는 『학문 예술론』과 『인간 불평등 기원론』에서 인간의 상황과 인간을 좀먹는 질병들을 진단한다. 그리고 이후의 저작들에서는 그것에 대한 치유법들이 본격적으로 제시된다. 거칠게 요약해보자면, 루소는 서로 양립되기 어려운 세 가지 치유법들을 제시하는데, 첫째는 사회와 국가가 인간의 나약함을 일시적으로 완화할 수 있다는 것이다. 이와 같은 방식은 시대착오적이긴 하지만 사회주의자의 길이라고 할 수 있을 것이며, 루소는 그 길을 특히 『사회계약론』과 다른 정치적 저작들 속에서 개진한다. 둘째, 인간 세상과 거리를 둔 채 자기 자신 속에서 홀로 치유법을 찾는 개인적인 방식이다. 이러한 전망은 『고백록』과 다른 자전적 저서들에서 등장한다. 셋째, 교육을 통해서 인간을 소외시키는 사회적 합의들로부터 벗어나, 마침내 새롭게 모든 사람들과 더불어 살아가기를 선택하는 개인이다. 휴머니스트의 길이라고 할 수 있는 이와 같은 방식은 『신 엘로이즈』, 특히 『에밀』에서 첨예화된다(하지만 이 두 저작들은 루소의 작품들 중에서 가장 적게 읽히는 것들이기도 하다).

근대적 인간의 문제들에 대한 이러한 다각적인 해결책들은 각각의 시대들을 경유하면서 운명을 달리한다. 국가의 역할을 임의적으로 파악한 루소의 사상은 프랑스 혁명의 몇몇 주요 인물들에게 즉각적인 영감을 건네준다. 소외된 개인이 끊임없이 불거져 나오는 자서전적 혹은 그 내면에 대한 탐구는 프랑스 혁명에 적대적이었던 낭만주의자들에 의해 모방된다. 그리고 20세기에 이르러서야 루소는 마침내 계몽주의의 위대한 철학자로서, 그리고 임마누엘 칸트Immanuel Kant의 방대한 철학적 사유의 물꼬를 트는 선구자로서 평가를 받는다. 이와 같이 루소의 작품 속에 도저하게 깃들어 있는 휴머니스트의 측면이 다음의 논의에서 주목해야 할 부분이다. 그렇다면 어떤 의미에서 우리는 루소를 휴머니즘 사상가라고 할 수 있을 것인가? 이 질문에 대한 답을 우리는 역사적 맥락 속에서 찾아내고자 한다.[1] 휴머니즘이 어떻게 태어나고 어떤 변용을 거치며 어떤 반격에 부딪혔는지 살펴 들어가면 루소의 사상이 휴머니즘의 역사와 어떻게 맞물려 있는지, 루소가 어떤 의미에서 휴머니즘 사상가라고 할 수 있는지를 알 수 있을 것이다.

---

1) 이 글은 다음 자료를 참고하여 옮긴이가 토도로프의 관점에서 루소와 서구 휴머니즘의 역사를 재조명한 것이다. Todorov, 『미완의 정원 Le Jardin imparfait』(Paris: Grasset, 1998) ; Todorov et Catherine Portevin, 『의무와 환희 : 뱃사공의 삶 Devoirs et Délices: Une vie de passeur』(Paris: Seuil, 2002) ; Todorov, 『계몽주의 정신 L'esprit des Lumières』(Paris: Robert Laffont, 2006).

인문주의, 인간주의, 인본주의, 인간성 등으로 번역되는 '휴머니즘*humanisme*'이라는 용어는 사전에는 1808년 독일의 니트함머F. J. Niethammer가 처음 사용한 것으로 기록되어 있다. 이 말의 어원은 '보다 인간적임'을 뜻하는 라틴어 후마니오르 *humanior*에서 비롯되었다. 이는 인간의 사상적·정신적·세계관적 태도를 함축하는 아주 포괄적인 개념으로 르네상스 초기부터 싹트고 있었다. 역사적 휴머니즘은 고대 그리스 로마의 인문 교양을 부흥시킴으로써, 교회의 지배와 권위로부터 인간의 자연적 본성을 드러내기 위한 인문 교양운동, 문화운동이 추구하는 르네상스의 정신을 뜻하는 것이었다. 르네상스 휴머니즘은 지식과 이성에 기초하여 인간, 자연, 세계에 대한 새로운 관점을 가진 인간성의 창조를 의미하였다. 이는 예술과 문학을 매개로 하여 교회의 권위에서 해방된 인격적 개인을 옹호하고자 하였다. '휴머니스트*humaniste*'는 예전에 인간이 행하던 역할보다, 특히 그리스도교적 세계관에서 인간에게 부여하던 역할보다 더 중요한 역할을 인간에게 부여하는 사람이다.

초기의 휴머니스트(인문주의자)들은 그리스·라틴 고전을 연구하는, 그러니까 그리스·라틴의 유산을 재발견한 사람들, 특히 그러한 텍스트의 번역과 주석을 전문으로 하는 사람들이었다. 그들은 저마다 가장 높이 평가하는 고대 저작자들의 저술을 찾아 유럽과 비잔티움의 수도원 도서관을 돌아다녔다. 그 과정에 그들은 묻혀 있던 자료들을 많이 발견했고, 고대 로마-

그리스 문헌의 근대적 규범을 확립했다. 하지만 무엇보다도 중요한 것은 그들이 새로운 방식으로 읽기 시작한 텍스트들이 그리스도교적 전통 바깥에 있었다는 점이다. 그들은 플라톤 Platon과 아리스토텔레스Aristoteles, 스토아 철학자, 심지어 전복적인 사유를 한 에피쿠로스학파의 텍스트를 읽는 작업에 전적으로 매달리면서, 대놓고 혹은 간접적으로 그 글들을 찬양하면서, 적극적으로 과거의 일부를 높이 평가하고 나섰다. 그들은 고전에서, 신에 대한 봉사가 아닌 순수하게 인간에 대한 관심을 봤기 때문이다. 그러니까 그들은 이미 나름의 방식으로 인간의 자율성을 주창한 것이었다. 인간의 자율성은 그 뒤 두 가지 형태를 취하게 된다. 하나는 인간의 지식과 행동의 원천으로서의 인간의 중요성이고, 다른 하나는 우리 행위의 대상으로서, 즉 목적으로서의 인간의 중요성이다. 인간이 출발점이자 도착점이 된 것이다. 초기 인문주의자들의 연구 덕분에, 르네상스 시대의 휴머니스트들은 인류의 문명이 다양한 형태를 취할 수 있다는 것을 알게 되었고, 따라서 휴머니즘의 관점에서 보편성을 다루게 되었다.

휴머니즘은 '근대성 modernité'이라는 좀더 일반적인 범주의 이형(異形)들 가운데 하나라고 볼 수 있다. 그렇다면 '근대성'이란 무엇인가? 여기에서 관건이 되는 것은 물질적 측면에서 인간의 세계와 신의 세계가 하나를 이루는가를 알아내는 것이다. 고대 그리스와 로마인들에게, 두 세계는 하나를 이루지 않았다. 적어도 완전하게 합일을 이루지는 않았다. 어쨌든, 로마 제국의 경우, 종교적 신념의 문제는 국사(國事)가 되지 못했다. 초기 그리스도교인들에게도 역시 그랬다. 예수 그리스도가 "내 왕국은 이 세상 것이 아니다"라고 단언한 것을 떠올려보라. 복음서를 보면 심지어, 영적 권력과 세속적 권력을 연결하려는 생각은 악마의 생각으로 간주되고 있다. 왜냐하면 바로 악마가, 예수에게 지상의 모든 왕국을 약속하면서 광야에서 예수를 유혹하기 때문이다. 하지만 4세기의 콘스탄티누스 황제부터, 기독교를 신봉한 최초의 황제들은 바로 인간의 일과 신의 일의 통합, 단일 신정(神政) 질서의 수립을 실현하게 된다. 국가가 종교를 위해 봉사하게 된 것이다.

하지만 그리스도의 원래 가르침이 완전히 망각된 것은 아니다. 교황이 황제가 되는 법이 없고, 그 반대 경우도 없었다. 이 이원성으로 인해 지상 세계는 신이 부과한 속박으로부터 해방된 것이다. 오컴William of Ockham은 교황의 지배욕과 소유욕이 모든 제후들과 황제들의 예속뿐만 아니라 모든 그리스도교 신자들의 노예화를 초래하며, 이는 복음이 선언하는 자유에 정면으로 위배된다는 사실을 지적했다. 인간은 자연적으로 세계 내의 물건에 대한 욕구와 분배의 원리를 가지고 있다. 이러한 권리 내지는 자격—사유화의 권리—은 최고의 합리적 재산 분배를 발견하고, 그것을 적극적으로 정당하게 지켜야 한다는 과

제를 인간에게 부여한다. 오컴은 자신의 소유론을 가지고 교회 권력의 한계를 보여주면서, 세속 권력을 종교적 권력으로부터 완전히 독립시키고자 했다. 그는 황제 편에 서서 교황에 대항하는 투쟁에 나서게 된다. 영적인 것에 대한 세속적인 것의 자율을 옹호하게 되는 것이다.

이 점에서 근대성은 영적인 것과 세속적인 것의 분리라고 할 수 있다. 그리고 그런 의미에서, 르네상스, 즉 재생(再生)과 관계되었다. 이전에 영적인 것과 세속적인 것이 분리된 상태로 존재한 적이 있었고, 그것을 되찾은 것이니까. 하지만 다른 의미로는, 혁신이기도 했다. 뒤몽Louis Dumont이 말한 것처럼, 외부에서 인간에게 강제한 어떤 질서가 있다는 생각이 전체론에 입각한 전통적인 사회에서는 계속 존재한다. 그런 질서를 강제하는 것이 신의 말씀이 아니라면, 그건 우주에 내재한 질서, 자연 자체이다. 이런 질서에 대한 지식이 바로 전통을 이루며, 그 지식은 한 세대에서 다음 세대로 이어진다. 새로운 점은, 이제부터 인간 스스로가 세계를 해독하고 그들의 운명을 결정할 임무를 띠게 된다는 것이다. 오컴과 몇몇 다른 철학자들이 벌려놓은 틈새로, 종교 및 윤리의 영향력으로부터 근대 과학을 해방시키고, 주권이 인민에게 있다는 생각이 맹렬하게 침투해 들어가게 된다.

바로 여기에서 근대성이 탄생했다고 할 수 있다. 그것은 신의 법칙이야 어떻든 간에, 인간의 자유, 판단의 자유, 의지의 자율성을 긍정하는 것이다. 16세기에 들어서면서 해방은 다양한 층위에서 일어난다. 인간이 자신의 운명의 주인이라는 생각이, 그러니까 초기 그리스도교인들에게서 이미 나타나고 있듯이 인간은 창조주가 마음대로 주무르는 진흙 덩어리에 불과한 것이 아니라는 생각이, 다시 힘을 얻는다. 그 뒤를 이어 과학 혁명이 일어난다. 베이컨Francis Bacon, 갈릴레이Galileo Galilei, 데카르트René Descartes를 생각해보자. 전통적으로 전해져 내려오는 것이 반드시 세계에 관한 진리일 수는 없으며, 진리는 차라리 나의 경험과 나의 이성에 의해 내가 알게 된 것이라는 생각이다.

말 그대로, "진리는 하늘에서 (갑자기) 떨어지지 않는다"고 할 수 있다. 진리의 발견은 우리가 할 일이다. 요컨대 사람들은 정치적 자율을, 인민 주권을 열망하고, 법의 기반이 집단의 의지에 있다고 단언한다. 이는 오래된 생각으로, 18세기의 사상에 이르러, 특히 루소의 사상에 이르러 완성되는데, 프랑스 혁명뿐만 아니라 미국 혁명을 낳게 된다. 실제로 근대성은 자유의 쟁취에 있다고 말할 수 있을 것이다. 이성의 자유, 의지의 자유, 스스로를 다스리는 자유 말이다.

하지만 그것에는 치러야 할 대가가 있다. 보수주의자들에 따르자면, 악마는 근대인에게서 십일조를 세 번 거둬 갔다. 우선 악마는 인간에게 자유를 부여한 대신에 사회적 감각을 박탈하여 인간을 고독하게 만들었다. 다음으로 악마는 인간에게서 가치관을 박탈하여 이데아도 종교도 없이, 개인의 물질적 이해만을 추구하며 살게 만들었다. 끝으로 안정적이고 견고한 자아를 박탈함으로써, 인간은 더 이상 자신이 주인으로서 이 세상에 군림한다는 생각을 할 수 없게 되었다. 인간은 인간이 제압할 수 없는 은밀한 힘에 시달린다. 보수주의자들은 현재는 출발부터 잘못된 것이며, 우리는 최악을 향해 나아가고 있으니, 과거에서 속히 해법을 찾아야 한다고 주장한다.

휴머니스트들은 보수주의자들의 주장을, 특히, 자유를 보존하기 위하여 사회성을, 가치관을 혹은 자아를 포기해야 한다는 생각을 받아들이기를 거부한다. 그들은 인간의 사회적 차원이 변형될 수는 있지만 근절될 수는 없다고 생각한다. 공통의 가치라는 것이 이제는 더 이상 인간이나 우주의 구조에 기반을 두고 있지 않다 하더라도, 그것을 보존해야 한다고 생각한다. 끝으로, 자아가 모든 것을 통제할 수는 없지만, 루소가 말했듯이, 자아가 '동의나 저항'을 어쨌든 자유롭게 행한다고 생각한다.

이제 인간은 자신의 지식, 행위, 법의 원천인 동시에 그것들의 목적이 되었다. 이런 생각은 이미 중세에서도 찾을 수 있다. 하지만 이번에는 오컴처럼 수도사가 아니라 수도사를 죄악으로 이끌었던 여인이다. 바로 유명한 신학자 아벨라르Pierre Abélard를 사랑하고 아벨라르의 사랑을 받은 파리 노트르담 성당의 참사회원 퓔베르Fulbert의 조카딸 엘로이즈Héloïse다. 그들이 교환한 서신을 보면(이 서신들이 사실인지 혹은 허구인지는 알 수 없다), 엘로이즈는 그런 방향으로 멀리까지 생각을 밀고 나가고 있다. 즉 인간 존재를 우리 행동의 궁극적 목적으로 삼는 것이다. 두 연인은 이별 후에 서신을 교환하고 있는데, 그 편지들의 목적은 무엇보다도 지나간 연애 사건에 의미를 부여하려는 것이다. 아벨라르는 파국 이후 그리스도교의 공식적 규율에 굴복하여, 지상의 사랑인 창조물의 사랑은 천상의 사랑인 창조주의 사랑으로 이르는 단순한 길이기를 원한다. 엘로이즈는 여러 번 그 문제로 돌아가서 강조한다. "내가 사랑했던 사람은 신도 예수도 아닙니다. 내가 아직도 당신 안에서 사랑하고 있는 것, 그건 당신 자신이고, 당신이라는 존재, 다른 그 무엇으로도 대체할 수 없는 유일무이한 당신이라는 개인입니다." 이런 의미에서 볼 때, 휴머니즘은 인간의 사랑이 늘 우리에게 가르쳐온 것을 전폭적으로 받아들이는 방식이다.

바로 그 점에서 그리스도교와의 단절은 불가피하다. 그리스도교는 의지의 자율을 수용할 수 있었는데, 다만 온건한 형태일 경우에 한한다. 그렇지 않을 경우 펠라기우스Pelagius처럼 이단의 혐의를 사게 된다. 영국의 신학자 펠라기우스는 인간은 선과 악을 스스로 선택할 수 있는 타고난 능력(본성)을 올바르게 사용함으로써 죄를 물리칠 수 있고 하느님과 조화된 상태에 이른다고 주장하였다. 또한 죄가 없는 어린이에게 속죄로서의 세례를 받게 할 필요가 없으며, 인간의 자연적인 모든 기능 안에 하느님의 은총이 내포되어 있으며, 그 자연이 하느님과 직접 교통하는 길이라고 생각하였다. 즉 은총도 인간의 본성과 자유 의지에 따른다고 주장한 것으로, 아우구스티누스Aurelius Augustinus의 강력한 비판을 받았다. 이 '펠라기우스 논쟁'은 몇 차례 종교 회의에 회부되었고, 418년 카르타고 회의에서 최종적으로 펠라기우스설을 이단으로 규정하였다.

개별적 인간이 우리 행동의 궁극적 목적이며, 우리에게 통상 부과되는 목적과 동일한 차원에, 심지어 더 높은 차원에 그 목적을 놓을 수 있다는 생각, 그것은 어떤 다른 종교적 시각에서도 마찬가지겠지만, 그리스도교적 시각에서는 우상 숭배라고 할 수 있다. 그런 점에서 정통 그리스도교도들은 휴머니스트가 될 수 없다고 말할 수 있다. 하나의 완결된 사상으로서의 휴머니즘은 그리스도교와 양립 불가능한 것이다. 명철한 그리스도교 사상가들은 그 점에 있어서 분명하다. 단순화의 위험을 무릅쓰고 말해보자면 파스칼Blaise Pascal은 반(反)휴머니즘적 저자라고 할 수 있다. 이것은 그의 전반적인 입장과 일치한다. 그리스도의 영적 위대함에 대한 파스칼의 다음과 같은 말을 떠올려보자. "그리스도의 신비체인 교회 안에서 신에게 복종하는 것, 다시 말해 신만을 사랑하고 자신만을 증오하는 것, 바로 여기에 인간의 참된 행복이 있다. 더 구체적으로 그리스도교도는 교회의 머리인 예수에게 순종하고 그를 통해 구현되는 신의 의지에 복종한다. 이것이 사랑이고 사랑 없는 곳에 믿음은 없다."

파스칼에게 인간을 사랑하는 것은 오로지 신을 사랑하는 방식일 뿐이다. 그는 순수하게 인간적인 애정은 배제하고자 한다. 이런 식의 생각에서 엘로이즈의 선택이 차지할 수 있는 자리는 전혀 없다.

물론 그렇다고 해서 개별적 그리스도교인이 개인에게 애정을 느끼지 않는 것은 아니다. 하지만 그리스도교인의 눈에는 자신의 행위에 궁극적으로 정당성을 부여하는 것은 늘 신이다. 사도 바울The Apostle Paul은 이렇게 말했다. "신을 사랑하는 것은 곧 자신의 이웃을 사랑하는 것과 꼭 같다." 이러한 등식은 두 가지 의미로 이해할 수 있다. 신만을 생각하라. 혹은 이웃만을 생각하고, 사람들을 돕고, 자선을 베풀라. 이것 역시 사랑의 한 형태이다. 이런 관점에서 보자면, 휴머니즘은 인간에 대한 사랑 혹은 개인에 대한 사랑 이외의 다른 정당성을 요구하지 않으니, 필연적으로 비종교적이다. 휴머니즘의 궁극적인 목적은 신도 아니요, 우주의 조화도 아니요, 무산 계급의 승리도 아닌 인간 존재 그 자체인 것이다.

하지만 휴머니스트들은 인간이 '뛰어나다'고 확언하지 않는다. '휴머니스트'라는 말을, 인간은 선하고 신뢰할 만하다고 생각하는 사람이라는 의미로 파악한다면─말하자면 아주 감상적인 의미로 파악한다면─휴머니스트의 본래 의미에서 빗나가게 된다. 오랫동안 사람들은 루소가 최초의 인간을 '선량한 미개인bon sauvage'으로 이상화하면서, 인간이 근본적으로 선하다는 낙관론을 펼쳤다고 생각했다. 그런 인간관 때문에 보들레르 Charles Baudelaire는 "아, 순진한 루소. 선함이 존재한다고 생각하다니!" (보들레르가 루소를 전혀 읽지 않았다는 증거이다)라며 루소를 비웃었다. 그러나 더욱 정밀하게 루소의 사상을 살펴보면 인간이 본성적으로 선하다는 주장은 제한 없이 타당한 것이 아니다. 루소는 "모든 것은 창조주의 손에서 나온 모습 그대로 선하다"고 쓰기는 했다. 그러나 그는 이렇게 덧붙였다. "모든 것은 인간의 손길 아래서 타락했다." 루소에게 인간은 모순적인 존재인 것이다. 인간은 "통일성이 아니다. 나는 원하면서도 원하지 않는다. 나는 노예라고 느끼면서도 동시에 자유롭다고 느낀다. 나는 선을 보고 그것을 사랑하면서 악을 행한다. 나는 이성의 목소리에 귀를 기울일 때 적극적이고 내 정열이 나를 이끌어갈 때 수동적이다. 내가 패배하면 나의 가장 큰 고통은 내가 저항할 수도 있었을 것이라고 느낀다는 것이다." 루소가 생각하는 인간의 근원적인 선함은, 인간이 선의 가능성과 선을 행하라는 규정을 지녔다는 뜻이며, 동시에 인간이 위협적인 힘과 유혹을 통해 악의 가능성도 지녔다는 뜻이다.

휴머니스트들은 인간이 인간에게 행할 수 있는, 그리고 실제로 행하는 온갖 악에 대해 충분히 의식하고 있다. 적어도 현대의 많은 휴머니스트들은 인간 역사의 가장 암울한 에피소드들을 겪고 난 뒤 그렇게 되었다. 아우슈비츠에서 살아남은 작가인 프리모 레비Primo Levi, 소련에서 이루어진 악명 높은 바비야르 유대인 학살 사건과 바실리 그로스만Vassili Grossman, 그리고 전쟁을 강요하는 살인 교육, 부조리하고 추악한 인간 현실을 소설화한 로맹 가리Romain Gary 등을 예로 들 수 있겠다. 하지만 주목해야 할 것은, '인간은 인간에게 늑대다'라고 말하고 싶은 유혹이 컸겠지만, 이 휴머니스트들은 그러한 유혹에 넘어가지 않았다는 것이다. 로맹 가리처럼 그들은 "절망의 시간에도 사람들이 자신의 선의(善意)를 다시 발견하게 되길 바라는" 소망을 간직하고 있었던 것이다.

휴머니즘은 감상적인 이데올로기는 아니다. 하지만 철저하게 비관적인 인간관에 기반을 두고 있지도 않다. 휴머니즘의 인간관은 차라리, 인간이 윤리적으로 확정되지 않은 존재라는 생각에 가깝다. 인간은 자신의 존재를 확실하게 보여주기 위해서 다른 사람들을 필요로 하기 때문에 타인의 불행에 기여할 수 있는 만큼 그 행복에도 기여할 수 있고, 인간은 어느 정도는 자유롭게 선택을 하기 때문에 자신이 행하는 선과 악에 대해 책임이 있다는 생각이다. 바로 그렇기 때문에 휴머니스트들은 늘 교육에 관심을 갖는다. 만약 인간이 필연적으로 선하다거나 혹은 악하다면 인간을 교육한다는 것은 아무 의미도 없을 것이다.

휴머니스트들이 사랑을 높이 산다면, 사랑의 대상이 늘 완벽하기 때문이 아니라 누군가를 사랑한다는 것, 그것을 좀더 잘할 수 있기 때문이다. 아이에 대한 어머니의 사랑에서 감탄스러운 것은 아이가 아니라 사랑이다. 휴머니스트들이 전쟁이 아닌 평화를, 복종이 아닌 평등을 중시한다면, 그러한 가치들이 어떤 다른 것들보다도 더 이성적이라기보다는, 모든 사람들이 이성을 공유하듯 그 가치들을 공유할 수 있다는 점에서 이성에 더 가깝기 때문이다. 물론 어떤 개인들, 어떤 문화는 전쟁을 선호하고 승리를 열망한다. 하지만 동시에 모두가 승자가 될 수는 없지만 평화롭게 살 수는 있다. 그러니 지배에 대한 열망과는 달리, 평화라는 가치는 보편화할 수 있는 것이다.

다르게 말하자면, 중요한 것은 합리성이 아니라 보편성이다. 레이몽 아롱Raymond Aron은 "2 더하기 2는 4다"와 "살인하지 말라"는 같은 성격을 보인다고 말했다. 두 명제는 모든 사람들이 언제나 받아들일 수 있는 것이라는 의미로 한 말이다. 마찬가지로 휴머니즘은 더 진실한 것도 아니고 더 논리적인 것도 아니다. 하지만 더 보편적인 사명을 갖고 있으며, 또한 모든 사람들에게 호소한다.

*

프랑스 휴머니즘 전통에서 최초의 진정한 휴머니스트는 두말할 것 없이 몽테뉴Michel de Montaigne이다. 의미심장하게도, 그가 현재의 의미로 휴머니즘이라는 말을 들여온 듯하다. 그가 휴머니즘이라는 말을 사용하는 맥락도 의미심장하다. 오컴의 전통에 충실한 몽테뉴는 두 가지 영역의 경계를 정하고자 했다. 한 영역은 신과 종교에 관계된 모든 것을 다루는 신학자에게 속한 영역이고, 다른 한 영역은, 몽테뉴의 표현을 빌리면, "종교적이 아닌 비종교적인 방식으로" 다뤄야 하는, 순전히 인간과 관계된 일들을 전문적으로 다루는 '휴머니스트'에게 속한 영역이었다. 몽테뉴의 『수상록*Essais*』은 그런 새로운 자세를 잘 보여준다. 여기에서 중요한 것은 인간에 대한 지식을 별도로 다룰 수 있다는 가능성 자체이다.

그에게서는 새로운 학설의 모든 요소들이 발견된다. 관용과 결합된 보편주의, 우리의 의지와 선택에 의하여 자유롭게 완성된 행위에 대한 선호, 그리고 그러한 개인이 우리 행동의 존중할 만한 목적을 이룬다는 생각. 이러한 생각은 엘로이즈에게서처럼 육체적 사랑에서만이 아니라 『수상록』을 쓰려는 시도에서도 드러난다. 한편으로, 몽테뉴는 친구라는 인격체를 넘어서서 자신의 감정을 정당화하려는 어떠한 시도도 거부하면서 우정에 대해 찬양한다. 즉 "바로 그 사람이기 때문이고, 바로 나이기 때문이다." 다른 한편으로는, 『수상록』을 씀으로써 몽테뉴는 자기와 관련된 모든 것을 탐구하고 싶어 했다. 그를 상징하는 '크세주*Que sais-je*'란 말은 '나는 무엇을 아는가'라는 뜻이다. 그러나 그것은 심오한 사색의 결론이 아니라 사상의 심화를 위한 하나의 단계이다. 방법으로서의 의심, 자유로운 검토를 위한 의심을 의미한다. 그 성과는 자유로운 정신이다. 회의주의는 허무주의가 아니라, 회의의 결과 어떤 확실성을 자유롭게 추구하려는 노력이다. 몽테뉴의 그것은 자신을 아는 것이다. "세간의 환심을 사고 싶었다면, 나는 나 자신을 좀더 꾸미고 조심스럽게 검토한 다음 좀더 그럴듯한 모습으로 세상에 나타났을 것이다. 나는 생긴 그대로의 나 자신을, 자연스럽고 일상적이고 아무것도 꾸미지 않은 나 자신을 보여주고 싶다. 내가 그리는 대상은 바로 나 자신이기 때문이다."

몽테뉴는 자신의 성탑에서, 데카르트는 암스테르담에서 신분을 숨기고 살았고, 루소는 친구들의 영지 깊숙이 숨어서 지냈다. 어떤 의미로, 그들 모두는 그곳이 국내든 국외든 간에 유배된 사람들이었다. 행동이나 정치와는 거리를 두고 멀찌감치 물러나서 살아가는 사람들, 작가들, 어찌 보면 그것이 혁명 이전의 위대한 휴머니스트들의 운명이었다. 그들은 사회적 변동을 촉발하려 들지 않았고, 심지어 정치적인 면에서는 보수주의자이기조차 했다. 그들은 개인을 교육시키기를 원했고, 그 때문에 나라에 질서가 잡혀 있는 것을 선호했다.

몽테뉴는 다음과 같은 사실을 믿었다. 즉 사회적 변화는 급격하게 진행되어서는 안 되며, 절대적인 진리란 없으므로 사회를 어느 특정한 방향으로 몰고 갈 어떤 특정한 목표도 있을 수 없다. 종교와 법은 세계에 대한 확실한 사실이며 그것을 부인하거나 거부한다는 것은 어떤 사람이 절벽 끝에 있으면서도 전혀 위험하지 않다고 말하는 것과 다를 바 없다. 실천적인 판단을 할 수 있으려면 자신이 속해 있는 국가의 형식적인 조건과 제도를 인정해야 한다. 물론 국가에 대한 몽테뉴의 견해는 조건부였고, 무조건 복종하는 것은 아니었다. 그는 이렇게 말한다. "나는 무릎을 꿇지만 이성을 굽히지는 않는다." 내적 자유, 외적 복종인 것이다. 토를 달자면, 이러한 안팎의 분리는 전체주의가 아닌 경우에는 의미가 있다.

좋든 나쁘든 시대는 걸음을 내딛고 있다. 갈릴레이가 처벌받는 것을 보고 깜짝 놀란 데카르트는 동일한 원칙, 그러니까 지식 추구에 있어서의 이성의 자유라는 원칙에 입각해 저술한『우주론Traité du monde』을 서랍 속에 숨겨놓고 생전에 출간하기를 거부한다. 그는 한 친구에게 이렇게 적어 보냈다. "나의 소망은 평온을 얻는 일이다. 〔……〕 세상은 내가 죽은 다음 백년이 지나기 전에는 이 책을 보지 못할 것이다." 알다시피, 데카르트 윤리학의 첫번째 원칙은 자기 나라의 법에 복종한다는 것이다. 루소조차도 엄밀하게 말하자면 혁명가다운 구석이라고는 조금도 없다. 로베스피에르Maximilien Robespierre가 자신의 사상을 어떻게 이용하는지 봤더라면 그가 가장 먼저 충격을 받았을 것이다. 물론 휴머니즘적 사상이 정치적 실천과 무관하다고는 할 수 없다. 근대 민주주의는 법 앞에서의 평등과 보편성의 원칙을 채택했고 개인의 자율을 보호한다. 휴머니즘의 주의와 주장이 행위가 될 수 있음을 보여주는 증거 가운데 하나이다.

지금까지 우리는 중세부터 18세기 계몽의 시대에 이르기까지 서구 휴머니즘의 전통을 살펴보았다. 이제 다시 논의의 출발점인 루소에게로 돌아가자. 루소는 『고백록』 『에밀』 『사회계약론』 등 많은 저작을 인류의 지적 유산으로 남긴 위대한 사상가이다. 『타임Time』지는 지난 천 년 사이에 인류에게 가장 큰 영향을 미친 인물 중 한 명으로 루소를 꼽았다. 오늘날 루소를 높이 사는 것은 전혀 별난 일이 아니다. 개인의 이야기를 발견하게 해준 루소의 『고백록』은 신대륙의 발견에 비견할 만하다. 루소 이전에는, 개인의 이야기는 주목을 끌 만한 가치가 없는 것이었다. 루소가 등장한 후, 사람들은 개인의 이야기에 막대한 관심을 쏟게 된다. 몽테뉴는 자기 안의 심층적 존재에 대해 물음을 던진다. 실제로 일화나 개인 이야기의 토로는 『수상록』에서 거의 찾아볼 수 없다. 반면에 루소는 자기 삶을 세세하게 이야기한다. 그는 『고백록』에서 자신의 형성 과정과 자신이 걸어온 길과 일화들을 거리낌 없이 솔직하게 털어놓았다. 시작 부분에 이런 말이 나온다. "나는 전례가 없고, 앞으로도 아무도 따라 하지 않을 시도를 구상하고 있다. 나는 나와 같은 사람들에게 한 인간을 완전히 자연 그대로의 모습으로 보여주고자 하는 것이다. 이 인간은 바로 나다." "나는 좋은 것과 나쁜 것을 똑같이 솔직하게 이야기했다. 어떤 나쁜 것도 숨기지 않았고 어떤 좋은 것도 덧붙이지 않았다." 우리가 루소에게서 감탄해 마지않는 또 다른 점은 심오하면서도 엄정한 성찰을 몇 마디 말로 축약해놓은 몇몇 문장들이다. "철과 밀은 사람들을 문명화시켰지만 인류는 타락시켰다" "인간은 원래 자유로운 존재로 태어났지만 도처에서 쇠사슬에 묶여 있다" "타인이 바라봐주지 않는다면 존재하지 않는 것이 낫다."

우리가 루소에게 끌리는 이유는 무엇보다도 그의 사상이 힘차기 때문이다. 그의 사상은 양보도 타협도 모르며, 실존의 비극적 양상 앞에서 눈을 감아버리지 않는다. 루소는 어수룩한 것과는 정말로 거리가 멀다. 그의 사상을 해석하는 것이 쉽지 않다는 것도 우리가 루소에게 끌리는 또 하나의 (좀더 표면적인) 이유이다. 루소를 해석하는 것은 하나의 도전으로 다가온다. 일반적으로 풍부하며 다양한 작품들을 앞에 놓고 해석자는 늘 유혹을 느끼거나 아니면 손쉬운 해결책에 안주한다. 즉 '바로 이 점에서 X는 모순된다'고 결론짓고, 그것을 확인하는 데 머무르는 것이다. 그런데 논리적 수미일관의 문제는 루소 사상의 해석에 있어서는 오래된 논쟁거리이다. 정치적 저작에서 주장하는 것과 자전적 글들에서 도출해낼 수 있는 것을 어떻게 조화시킬 것인가? 『신 엘로이즈』『에밀』등의 다른 책들은 말할 것도 없고 『고백록』과 『사회계약론』을 어떻게 조화시킬 것인가? 루소에 관한 수많은 글들은 그 제목에 '통일성'이라는 단어가 들어 있는데, 종종 의문 형태를 취하고 있다. 즉 통일성을 찾아보니 명백한 통일성이 부재한다거나 아니면 은밀하게 존재한다는 의미일 것이다. 우리가 보기에 특히 루소는 그에게는 유일한 문제로 여겨졌던, 개인적 요구와 사회적 요구의 조화라는 인간 존재의 커다란 문제에 대한 해결책들을 차례차례, 연이어 탐구했던 것으로 보인다.

이 점에서 우리가 파악하는 루소는 훨씬 더 '사회적'이다. 사람들은 흔히 아무도 자신을 사랑하지 않는다고 불평을 늘어놓으며 징징거리는 루소의 말에 너무 큰 자리를 부여한다. 아무도 필요하지 않은 루소에게는 그게 잘된 일이기도 한데 말이다. 루소의 피해망상증과 — 실제로 사람들이 그를 괴롭혔다는 구체적인 증거가 있다[2] — 인간에 대한 그의 생각을 뒤섞지 말아야

---

2) 루소를 피해망상증(또는 박해강박증)에 걸린 인물로 비난하는 것은 공정치 않은 일로 보인다. 그에 대한 박해는 실재하는 것이었다. 물론 애당초 그의 고립이 친구들 쪽의 적개심 때문이라기보다는 루소의 수줍음과 지나치게 예민한 감수성 때문이었던 것은 사실이다. 당국의 박해 역시 대체로 루소 자신에게서 기인하는 것이었다. 당국자들은 뒷짐을 진 채로 넌지시 루소가 박해를 피할 수 있도록 통로를 열어두고 있었다. 동시대 대부분의 저술가들과는 달리 루소는 가장 파괴적인 저술에조차도 실명(實名)을 표기했기 때문이다. 그러나 그가 박해를 받았으며, 그의 친구들이 그에게 적대적 태도를 취하거나 심지어 원한을 품기까지 했다는 데는 의심의 여지가 없다. 루소는 때로 공개적인 방식으로 그들의 중상모략으로부터 자신을 지키려 했고, 『고백록』의 일부분을 낭독함으로써 그들의 간계를 질타하려 했다. 『고백록』의 후반부는 이러한 편집증적 성격을 드러낸준다. 그렇다고 루소가 발광 상태에 접어들었다고 말하는 것은 지나친 일이다. 마지막 저작 『고독한 산책자의 몽상』에서 루소는 자신의 철학의 지도 원리를 회고하면서, 그리고 단순히 존재한다는 것만으로도 행복을 발견할 수 있는 자신의 역량을 회고하면서, 자신의 광증을 초월하여 오랜 기간 내적 평화를 누린다. 그는 이렇게 선

한다. 이 점에 관해서 루소 자신은 분명하게 구분하고 있다. 또한 사람들은 루소가 인류의 시원(始原)을 상상하며 처음에 인간은 혼자였다고 확언하고 있는, 『인간 불평등 기원론』에 나오는 몇 가지 말들에 대하여 오해를 하고 있다. 우선, 엄밀하게 말하자면, 그 글은 하나의 꾸며낸 이야기라기보다는 인간의 정체성을 분석하기 위하여 가설을 구축한 것이다. 특히, 사회적 상호 작용이 없었더라면, 인간은 현재와 같은 모습을 지니지 않았을 거라는 의미를 담고 있다.

루소에 의하면, 우리의 정체성은 우리가 타인의 존재를, 우리에게 머무는 타인의 시선을 인식하는 순간부터, 그것을 의식하는 순간부터 뚜렷하게 드러난다. 자신이 혼자라고 생각하는 인간은 아직 완전하게 인간이 된 것이 아니다. 반대로 타인의 존재를 인정하는 사람은 그와 동시에 '도덕morale'의 세계로 들어가게 된다. 왜냐하면 그는 타인에게 선 혹은 악을 행할 수 있는데, 이 두 개념은 개인 간의 관계를 전제로 할 때만 의미가 있기 때문이다. 따라서 그는 또한 '자유liberté'의 세계로 들어서게 된다. 왜냐하면 선 혹은 악의 실천은 내가 자유롭게 선택한다는 것을 전제로 하기 때문이다. 그리고 그는 자기와 다를

언한다. "나는 사람들이 꾸민 음모를 비웃는다. 그리고 그들의 책동에도 불구하고 나는 나 자신의 존재를 향유한다." 루소는 이 글을 쓴 직후 파리 북부의 에름농빌에서 사망했다(윌리엄 L. 랭어 엮음, 박상익 옮김, 『뉴턴에서 조지 오웰까지』, 푸른역사, 2004, pp. 239~46 참조).

바 없는 타인들과 공유하는 언어와 문화의 세계로 들어서게 된다. 루소에게 있어서, 자신과 타인에 대한 의식이 없는 개인, 윤리도 자유도 없는, 언어도 문화도 없는 개인은, 간단히 말해서 사회적인 삶이 없는 개인은 진정한 의미로 인간이라고 할 수 없다.

이렇게 우리의 사회적 천성을 강조한 것, 이것이 휴머니즘 사상에서 결정적인 것이며, 바로 이 점에서 휴머니즘과 개인주의는 구별된다. 우리가 위에서 언급한 보수주의적 비평가들은 둘의 차이점을 보고 싶어 하지 않았다. 그런데 휴머니스트에게 '타인les autres'은 산소와 같은 것으로, 타인 없는 실존은 상상할 수 없다. 개인은 타인 없이 살 수는 있지만, 각 개인이 내재화하는 타인의 시선 없이, 완전히 혼자서 존재할 수는 없다. 그것이 루소가 우리에게 주는 교훈이다.

이 책의 제목인 '덧없는 행복'에는 루소의 생각이 압축적으로 정리되어 있다. 루소의 생각은 이렇다. 우리의 행복은 타인에게 달려 있기에 우리는 결코 행복에 대해 확신할 수 없다는 것이다. 충만한 행복이 자연의 질서에만 달려 있다면 아무 문제가 없을 것이다. 자연의 질서는 늘 변함이 없기에 그에 맞추기 위해서는 자연의 질서가 무엇인지를 알기만 하면 된다. 만약 신에게 달린 문제라면, 그 또한 아무 문제가 되지 않을 것이다. 왜냐하면 신은 무한한 관대함을 보이며, 그곳에 있을 테니까. 만약 그것이 자기 자신에게 달린 문제라면 그 또한 문제없을 것이다. '자기애 *amour de soi*,' 즉 자기 존재 방어의 필연성이 틀림없이 개인을 자신에게 가장 이로운 쪽으로 이끌 테니까. 하지만 안타깝게도 우리는 행복하기 위해서 타인을 필요로 하고, 이 타고난 불완전함이 우리의 정체성 자체를 규정한다. 루소는, 우리가 타인을 필요로 하는 것은 우리가 '나약'하기 때문이라고 말한다. "만약 우리 각자가 타인을 전혀 필요로 하지 않는다면, 타인과 합일을 이루겠다는 생각은 거의 하지 않을 것이다." 타인을 필요로 하기 때문에, 우리의 행복은 우연적일 수밖에 없거나, 혹은 루소가 결론짓듯이, 이리하여 "우리 자신의 나약함 *infirmité*으로부터 우리의 덧없는 행복은 생겨"나는 것이다.

그러니 인간 조건의 이러한 비극을 받아들여야만 한다. 타인이 늘 우리를 사랑하고 존경하고 인정하리라는 보장을 획득할 수는 없다. 이 경우 맹세는 전혀 소용이 없다. 존재는 변화하고, 사랑은 소멸된다. 우리의 아이들이 우리에게 기울이는 애정, 그것이 가장 강렬한 감정들 가운데 하나라 할지라도, 그 애정은 변모하고, 심지어 사라지게 되어 있다. 우리가 아이들에게 기울이는 애정이라고 해서 그보다 더 사정이 좋은 것은 아니다. 우리가 아이들을 진정으로 사랑한다면, 우리는 아이들과 우리 사이에 차츰차츰 생겨나는 거리를 받아들여야만 하고, 종국에는 아이들을 보살피는 일을 그만두어야 한다. 우리는 우리의 사랑이 시들 수 있다는 것을 알면서도 배우자에게 영원한 사랑을 맹세한다. 늙어가면서, 변해가면서, 이런저런 사람에게 사랑스러웠던 나는 더 이상 그런 존재가 아니게 될 것이다. 그런데 그 사람들이 내게 보여주었던 그 관심이 내 삶을 이루는 것이다.

바로 이런 까닭으로 행복은 '덧없는' 것이다. 하지만 그렇다고 해서 행복을 무시해도 상관없다는 것은 아니다. 인간의 유한성은 휴머니스트들이 즐겨 다루는 주제들 가운데 하나이다. 왜냐하면 휴머니스트는 영원한 삶이라는 궁여지책을 받아들이지 않기 때문이다. 그럼에도 불구하고 그들은 행복을 추구하는 일을 게을리 하지 않는다. 단지 그들은 행복이 깨지기 쉽다는 것을 말해준다. 또한 그들은 우리의 의식이 무한을 발견했다는 것을 알고 있다. 우리는 이런 식으로 인간의 조건을 이해한다. 즉 우리의 무한에 대한 욕구와 사실상의 우리의 유한성 사이의 비극적인 불일치와, 그럼에도 불구하고 그것을 고쳐보려는 우리의 시도가 받아 마땅한 존경, 그것이 인간의 조건이라고.

장 자크 루소 연보

1712   6월 28일, 스위스의 제네바 그랑 뤼 가(街) 40번지에서
        아버지 이사크 루소Issac Rousseau와 어머니 쉬잔 베르
        나르Suzanne Bernard 사이에서 태어남.
        7월, 성 베드로 사원에서 영세를 받음. 계속된 열병으로
        어머니 사망.

1719   아버지와 함께 많은 소설을 읽음. 특히 플루타르코스를
        탐독함.

1722   10월, 아버지가 한 퇴역 장교와 싸운 뒤 제네바를 떠나
        니옹Nyon으로 이사. 사촌 아브라함 베르나르와 함께
        제네바 근처 보세에 있는 랑베르시에Lambercier 목사 집
        에 기숙학생으로 들어감.

1724   제네바로 다시 돌아와 외숙 가브리엘 베르나르 집에 거
        주. 사법서사 마스롱Masseron 집에서 수습 서기로 일함.

1725   조각가 뒤코묑Ducommun과 계약을 체결하고 견습공으

로 일하지만 별로 흥미를 느끼지 못함.

1728   3월, 안시의 바랑 부인Mme de Warens 집에 잠시 머문 후 토리노로 감. 그곳 소재 성령 수도원에 들어감.

4월, 신교를 버리고 가톨릭으로 개종. 토리노의 귀족 집에서 하인으로 일함.

1729   6월, 바랑 부인이 살고 있는 안시로 돌아옴.

8월~9월, 두 달 동안 성 라자르회 신학교에 다님. 이어 성가대원 양성소의 기숙생이 됨.

1730   음악 개인교사 노릇을 하면서 스위스와 프랑스를 두루 방랑.

1731   6월~8월 처음으로 파리에 체류.

9월, 몇 주일 동안 리옹에서 지내다가 샹베리로 바랑 부인을 찾아감. 사부아의 측지소(測地所)에서 일함

1732   6월, 측지소를 그만두고 음악 개인교사로 활동하는 한편 바랑 부인의 조수로 일함.

1735~36   샤르메트Charmettes 계곡의 노에레 집la maison Noëray 에서 바랑 부인과 함께 체류.

1737   6월, 시각을 잃을 뻔한 실험실 사고가 있은 뒤 유언장을 작성.

7월, 유산 상속 문제를 해결하기 위해 제네바에 다녀옴. 몽펠리에에 잠시 체류.

1738   2월~3월, 바랑 부인에게 돌아오지만, 그녀에게는 이미 다른 연인이 있었음.

1739   혼자 샤르메트 계곡에 남아 독서를 하며 독학.

1740	4월, 샹베리를 떠나 리옹으로 가서 리옹 법원장 마블리 Mably 씨의 두 아들의 가정교사가 됨. 주인집 아들을 위해 「생트-마리 씨의 교육에 대한 연구 *Projet pour l'éducation de Monsieur de Sainte-Marie*」를 씀.
1741	3월, 마블리 씨 집 가정교사를 그만두고 샹베리로 돌아옴. 새로운 음악 개념의 체계 수립을 위해 계속해서 연구함.
1742	7월, 파리로 이주. 악보 표기에 있어 음표를 숫자로 대체하자는 제안을 파리 과학 아카데미에 제출. 이 논문을 출판하기 위해 개작.
1743	『현대 음악론 *Dissertation sur la Musique moderne*』을 키요 출판사에서 발간. 오페라 「바람기 많은 뮤즈의 여신들 Les Muses galantes」 집필 시작. 7월 10일, 베네치아 주재 프랑스 대사의 비서로 근무하기 위해 파리를 떠남.
1744	8월, 대사와 싸운 뒤 파리로 돌아옴.
1745	3월, 당시 23세인 오를레앙 출신의 여관 하녀 테레즈 르 바쇠르 Thérèse Levasseur를 알게 됨. 9월~12월, 「바람기 많은 뮤즈의 여신들」을 공연함. 디드로 Diderot와 콩디야크를 알게 됨. 볼테르와 편지 교환.
1746	슈농소에 있는 뒤팽 가의 비서로 일하면서 「실비의 오솔길 l'Allée de Sylvie」을 씀. 겨울에 첫째 아이가 태어나지만 고아원에 보냄. 이후 태어나는 네 명의 아이들도 그렇게 함.

1747	5월, 아버지 사망. 어머니의 재산을 상속받음.

1747   5월, 아버지 사망. 어머니의 재산을 상속받음.

1749   1월~3월, 달랑베르의 부탁을 받아 『백과전서Encyclo-
        pédie』의 음악에 대한 항목들 집필.
        7월, 디드로가 체포되어 뱅센 감옥에 감금됨.
        10월, 뱅센 감옥에 디드로를 면회하러 가던 도중에 디종
        아카데미의 현상논문 모집 주제 '학문과 예술의 부흥은
        풍속의 순화에 기여했는가?'를 『메르퀴르 드 프랑스
        Mercure de France』에서 읽음. 그때부터 『학문 예술론
        Discours sur les sciences et les arts』을 쓰기 시작.

1750   7월, 디종 아카데미에서 『학문 예술론』으로 일등상을 받
        음. 그해 겨울에 자신의 첫번째 논문인 『학문 예술론』을
        출판.

1751   뒤팽 가의 일을 그만두고 생활비를 벌기 위해 악보 베끼
        기를 시작.

1752   10월, 루이 15세 앞에서 오페라 「마을의 점쟁이Le Devin
        du Village」 상연.
        12월, 테아트르 프랑세즈에서 청년기 작품인 「나르시스
        또는 자아의 애인Narcisse ou l'Amant de lui-même」을
        공연.

1753   11월, 디종 아카데미 현상논문 공모 주제 '인간 사이의
        불평등의 기원은 무엇이며, 불평등은 자연법에 의해 허
        용되는가?'를 『메르퀴르 드 프랑스』지에 게재. 『인간 불
        평등 기원론Discours sur l'origine de l'inégalité parmi les
        hommes』 집필 시작. 1752년에 집필한 『프랑스 음악에

관한 편지*Lettre sur la Musique française*』출간.

1754   6월, 테레즈와 함께 제네바로 떠남.

8월, 제네바 교회에서 다시 신교로 복귀. 제네바 시민권을 되찾음.

1755   4월, 『인간 불평등 기원론(제2논문)』이 암스테르담에서 출간됨.

1756   4월, 에피네 부인이 마련해준 몽모랑시의 집 '레르미타주l'Ermitage'로 이주. 여름부터 가을에 걸쳐 『신 엘로이즈*Julie ou la Nouvelle Héloïse*』의 인물들을 구상.

1757   우드토 부인Mme d'Houdetot에게 정열을 기울임. 에피네 부인과 작별하고 그림Grimm, 디드로와 결별.

1758   『달랑베르에게 보내는 연극에 관한 편지 *Lettre à d'Alembert sur les spectacles*』에서 무대예술을 공격함.

1759   5월, 뤽상부르 원수의 초대로 몽모랑시에 있는 '프티 샤토Petit-Château'로 이주. 『에밀*Émile ou de l'éducation*』과 『사회계약론 *Du Contrat social*』 집필.

1761   1월, 『신 엘로이즈』가 파리에서 시판되어 큰 성공을 거둠.

9월, 『언어 기원에 관한 시론 *Essai sur l'origine des langues*』을 말제르브에게 맡김.

1762   4월, 『사회계약론』이 암스테르담에서 출간됨. 거의 동시에 『에밀』이 파리와 암스테르담에서 출간됨.

6월, 경찰이 『에밀』을 압수. 의회에서 『에밀』의 발행 금지령이 통과되어 루소에게 구속영장이 발부되자 6월 9일 몽모랑시를 떠나 스위스로 도피. 제네바에서도 『에밀』

과 『사회계약론』이 판매 금지됨. 7월 산골 마을 모티에 Môtiers로 이사.

1763   3월, 『에밀』에 유죄를 선고했던 파리 주교 크리스토프 보 몽을 반박하는 『보몽에게 보내는 편지*Lettre à Christophe de Beaumont*』 출간.

5월, 제네바 시민권 포기.

1764   『산에서 쓴 편지들*Lettres écrites de la montagne*』에서 제 네바 총독 트롱생과 논쟁을 벌임. 볼테르가 익명의 팸플 릿 「시민들의 견해Le Sentiment des citoyens」에서 루소 를 공격함. 『코르시카 헌법 초안 *Projet de constitution pour la Corse*』 집필. 『고백록*Les Confessions*』 집필 시작.

1765   3월, 『산에서 쓴 편지들』이 파리에서 불태워짐.

9월, 주민들의 박해로 모티에를 떠나 비엔 호수의 외딴 섬 생 피에르Saint-Pierre로 도피.

10월, 베른 정부의 명령으로 생 피에르 섬을 떠남. 흄 David Hume, 루소에게 편지를 써서 영국으로 피신할 것을 제안.

1766   1월, 흄과 함께 파리를 출발하여 런던에 도착. 치즈윅 Chiswick에 정착

2월, 테레즈가 루소와 합류.

3월, 루소 부부, 우턴Wootton으로 떠남. 그곳에서 『고 백록』 앞부분 집필. 흄과 루소 사이가 소원해짐. 정신병 (추적망상) 때문에 사람들로부터 고립됨.

1767   5월, 테레즈와 함께 프랑스로 돌아옴. 그들은 이후 여러

해 동안 트리 성과 같은 외딴 곳에 소재한 귀족들의 영지나 남부 프랑스의 부르구앵과 몽캥 같은 작은 마을에 살았는데 가명을 써야 할 때도 많았음.

11월, 『음악사전 *Dictionnaire de Musique*』 출판.

1768   8월 30일, 부르구앵에서 테레즈와 결혼.

1770   6월, 파리로 돌아옴. 다시 악보 필경사로 일함. 『고백록』 원고 탈고.

1771   경찰이 루소의 『고백록』 낭독을 금지함. 『폴란드 정부론 *Considérations sur le gouvernement de Pologne*』 집필 시작.

1772   『루소, 장 자크를 심판하다 *Rousseau juge de Jean-Jacques*』로 개칭된 『대화 *Dialogues*』 집필 시작. 자주 의기소침과 망상에 시달림. 이후 여러 해 동안 파리 근교로 식물채집 여행을 하는 한편 식물학에 관한 편지와 논문 집필.

1776   2월, 『대화』의 원고를 노트르담 성당의 제단에 놓아두고 싶어 그곳에 갔으나 문이 닫혀 있었음.

4월, 거리에서 「여전히 정의와 진실을 사랑하는 모든 프랑스인에게À tout Français aimant encore la justice et la vérité」라는 전단을 나누어줌. 가을에 『고독한 산책자의 몽상 *Rêveries du promeneur solitaire*』 집필 시작.

12월, 아비뇽 통신이 루소의 사망을 잘못 보도.

1777   재정적 어려움을 겪음. 테레즈가 오래전부터 아팠기 때문에 하녀를 둘 필요가 있었음.

1778   4월, 『고독한 산책자의 몽상』 「열번째 산책」(미완성) 집필.

5월, 지라르댕 후작의 영지 에름농빌Ermenonville로 이주.

7월 2일, 공원을 산책하고 테레즈와 함께 아침을 먹은 뒤 오전 11시경에 사망.

7월 4일, 에름농빌 공원 호수의 포플러나무 섬에 안장됨.

1794   10월, 국민공회, 루소의 유해를 팡테옹으로 이장.

본문에 인용된 루소의 저서

1756~78 「즐거움의 기술 Art de jouir」

1758 『쥘리 또는 신 엘로이즈 *Julie ou La Nouvelle Héloïse*』

1759 『에밀 또는 교육론(초고) *Émile ou de l'éducation (première version)*』

1760 『사회계약론(초고) *Du contrat social(premiere version)*』

1761 『사회계약론 *Du contrat social*』

『에밀 또는 교육론 *Émile ou de l'éducation*』

1762 『말제르브에게 보내는 편지 *Lettres à Malesherbes*』

『보몽에게 보내는 편지 *Lettres à Christophe de Beaumont*』

1764 『산에서 쓴 편지들 *Lettres écrites de la montagne*』

1765 『코르시카 헌법 초안 *Projet de constitution pour la Corse*』

1769 『프랑키에르에게 보내는 편지 *Lettre à Franquières*』

1770 『고백록 *Les Confessions*』

1772 『폴란드 정부론 *Considérations sur le gouvernement de Pologne*』

1772~76 『대화. 루소, 장 자크를 심판하다 *Diaolgues. Rousseau juge de Jean-Jacques*』

1776~78 『고독한 산책자의 몽상 *Rêveries du promeneur solitaire*』

참고 문헌

Bloom, A., "Introduction," J.-J. Rousseau, *Politics and the Arts(Lettre à d'Alembert)*, The Free Press, 1960.

———, "Introduction," J.-J. Rousseau, *Émile*, Basic Books, 1979.

Burgelin, P., "L'unité dans l'œuvre de J.-J. Rousseau," *Revue de métaphysique et morale*, 1960, 2.

Derathé, R., *Jean-Jacques Rousseau et la science politique de son temps*, Vrin, 1970.

———, "Montesquieu et Rousseau," *Revue internationale de philosophie 9*, 1955.

———, "L'unité de la pensée de J.-J. Rousseau," S. Baud-Bovy et al. (éds.), *Jean-Jacques Rousseau*, La Baconnière, 1962.

Derrida, J., *De la grammatologie*, Minuit, 1967.

Goldschmidt, V., *Anthropologie et politique: Les principes du système de Rousseau*, Vrin, 1974.

————, *Écrits*, t. II, Vrin, 1984.

Gouhier, H., *Les méditations métaphysiques de Jean-Jacques Rousseau*, Vrin, 1970.

Groethuysen, B., *J.-J. Rousseau*, Gallimard, 1949.

Jouvenel, B. de, "Essai sur la politique de J.-J. Rousseau," J.-J. Rousseau, *Du Contrat social*, Le livre de poche, 1978 (accompagné de deux autres essais de Jouvenel sur Rousseau).

Lejeune, Ph., *Le pacte autobiographique*, Le Seuil, 1975.

Masters, R. D., *The Political Philosophy of Rousseau*, Princeton University Press, 1968.

May, G., *Rousseau par lui-même*, Le Seuil, 1961.

Munteano, B., *Solitude et contradictions de J.-J. Rousseau*, Nizet, 1975.

Pensée de Rousseau, Le Seuil, 1984 (contient des textes de E. Weil, E. Cassirer, L. Strauss, Ch. Eisemann, R. Derathé, P. Bénichou, V. Goldschmidt).

Philonenko, A., *J.-J. Rousseau et la pensée du malheur*, vol. 3, Vrin, 1984.

Polin, R., *La politique de la solitude*, Sirey, 1971.

Rang, M., "L'éducation publique et la formation des citoyens chez J.-J. Rousseau," *Études sur le Contrat social*, Les Belles Lettres, 1964.

Ricatte, R., *Réflexions sur les Rêveries*, José Corti, 1960.

Starobinski, J., *J.-J. Rousseau: la transparence et l'obstacle*, Paris, 1971.

Strauss, L., *Droit naturel et histoire*, Plon, 1964.

루소에 관한 한국어 출판물

루소의 저작

『정치경제론』, 김용구 옮김, 을유문화사, 1981.

『전쟁과 평화』, 김용구 옮김, 을유문화사, 1981.

『학문과 예술론』, 박은수 옮김, 성문각, 1985.

『고백록』, 홍승오 옮김, 범조사, 1985.

『사회계약론』, 이환 옮김, 서울대학교 출판부, 1999.

『고독한 산책자의 몽상』, 김중현 옮김, 한길사, 2000.

『언어 기원에 관한 시론』, 주경복·고봉만 옮김, 책세상, 2002.

『인간 불평등 기원론』, 주경복·고봉만 옮김, 책세상, 2003.

『에밀』, 김중현 옮김, 한길사, 2003.

『고백』, 김붕구 옮김, 박영률출판사, 2005.

『사회계약론』, 방곤 옮김, 신원문화사, 2006.

루소에 대한 저작

『루소의 교육사상』, 최정웅 지음, 배영사, 1987.

『루소의 자연교육사상』, 안인희 · 정희숙 · 임현식 공저, 이화여자대
학교 출판부, 1992.

『마키아벨리의 고독』, 루이 알튀세르 지음, 김석민 옮김, 새길,
1992.

『루소』, 오승우 엮음, 서문당, 1994.

『루소, 칸트, 괴테』, 에른스트 카시러 지음, 유철 옮김, 서광사,
1996.

『루소』, 게오르크 홀름스텐 지음, 한미희 옮김, 한길사, 1997.

『루소의 자연주의 교육사상』, 김수동 지음, 문음사, 1997.

『위대한 교육사상가들 2』, 연세대 교육철학연구회 지음, 교육과학
사, 1998.

『자서전의 규약』, 필립 르죈 지음, 윤진 옮김, 문학과지성사, 1998.

『미적 현대와 그 이후』, 한스 로베르트 야우스 지음, 김경식 옮김,
문학동네, 1999.

『루소』, 로버트 워클러 지음, 이종인 옮김, 시공사, 2001.

『자연권과 역사』, 레오 스트라우스 지음, 홍원표 옮김, 인간사랑,
2001.

『루소의 누벨 엘로이즈: 감각세계의 이미지들』, 문정자 지음, 만남,
2002.

『장 자크 루소와 국제정치』, 김용구 지음, 도서출판 원, 2004.

『루소의 정치철학』, 김용민 지음, 인간사랑, 2004.

문지스펙트럼

제3영역: 세계의 산문

제4영역: 문화 마당